죽음보다 강한 사랑
손양원

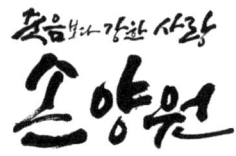

초판 1쇄 2014년 11월 24일
재판 2쇄 2018년 11월 24일

글 | 주경희
펴낸이 | 박종태
펴낸곳 | 비전북
출판등록 | 2011년 2월 22일(제396-2011-000038호)

마케팅 | 강한덕 한정희
관리 | 정문구, 강지선, 정광석, 이나리, 김태영
주소 | 경기도 고양시 일산서구 송산로 499-10(덕이동)
전화 | (031)907-3927
팩스 | (031)905-3927

책임편집 | treerain
디자인 | Design Kewpiedoll
인쇄 및 제본 | 예림인쇄

공급처 | (주)비전북
전화 | (031)907-3927
팩스 | (031)905-3927

ISBN 979-11-950630-5-5 03230
© KBS 제작팀, 2014

※ 잘못된 책은 바꾸어 드립니다.
※ 책값은 뒷표지에 있습니다.
※ 본 책자의 출판권은 KBS미디어(주)를 통해
   KBS와 저작권 계약을 맺은 비전북에 있습니다.

다큐 영화 〈그 사람 그 사랑 그 세상〉 원작 소설

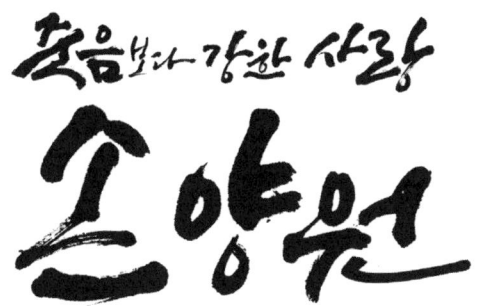

죽음보다 강한 사랑
소 양 원

권혁만 · KBS 제작팀 원작 | 주경희 엮음

비전북

책을 펼치기 전에

죽음보다 강한 사랑
사랑의 밀알 손양원

한 사람이 있었다.
한 시대의 구원을 믿었던 한 사람,
가장 가난하고, 소외되고,
고독한 이들을 사랑했던 한 사람,
하나님의 말씀처럼
아들을 죽인 원수마저 사랑했던 한 사람.

그리고 한 사람의 삶이 끝나는 곳에서
사랑은 빛나는 유산을 남겼다.

손양원.

그 이름은 사랑의 상징이다.

'나환자(한센병 환자)의 아버지'로 불린 손양원의 삶은 세 개의 그림을 떠올리게 한다.

가족에게조차 버림받은 나병 환자의 상처에서 피고름을 뽑아내는 첫 번째 그림.

자신의 두 아들을 죽인 원수 청년을 양자로 삼은 두 번째 그림.

그리고 일제강점기 신사참배 반대 투쟁으로 옥고를 치르고, 인간이 만든 지옥과도 같았던 한국전쟁 중에 신앙인으로 순명(順命)하며 순교자의 길을 간 세 번째 그림이 그것이다. 그의 삶은 마치 진정한 사랑이란 이런 것이라는 듯, 스스로 '사랑'을 완성해가는 과정이었다.

한국 교회사에 '사랑의 성자'로 불리는 손양원.

그가 나환자들에게 보여준 이웃사랑과 일제의 극심한 탄압과 고문을 이겨내며 실천한 나라 사랑, 그리고 두 아들을 죽음에 이르게 한 원수 청년까지도 용서하고 양자로 삼은 아가페 사랑의 실천은 일찍이 한국 근현대사의 인물 가운데 사례를 찾아보기 어려운 것이다.

마치 시인 윤동주의 〈십자가〉를 연상시키는 정결한 순교의 길.
더 낮고, 가장 고통 많은 곳을 향하여 사랑의 길을 걸었던 손양원의 삶은 종교의 테두리를 넘어 여전히 깊은 의미를 갖는다.

여전히 풍요의 한편으로는 그림자처럼 짙어지는 가난과 소외…….
더 이상 구원을 꿈꾸지 않는 영혼들…….
그리하여 한 사람을, 한 시대를 구원할 '사랑'이란 어떤 것인가?

다큐 영화 〈그 사람 그 사랑 그 세상〉의 원작 소설 『죽음보다 강한 사랑 손양원』은 온 생애를 '사랑'으로 밀어간 순교자 손양원의 삶과 죽음을 조명한다. 또한 그가 마흔여덟의 젊은 나이로 순교하기까지 극한의 고통을 딛고 일어선 인간적인 고뇌와 성찰의 흔적들을 통해 우리 시대를 구원할 참 사랑의 의미를 묻고자 한다.

순정했던 한 사람이 묻습니다.

나를 어떻게 기억하고들 있을까요?

일제에 저항해 신사참배를 거부한 독립운동가, 나환자들의 친구,

혹은 억울하게 순교한 두 아들의 주검 앞에 감사기도를 올린 이해할 수 없는 사람,

그것도 아니면 아들들을 죽인 원수를 용서하고 양자로 삼은 성자라고들 할까요?

허나 그게 전부가 아니었으면 합니다.

나는 단지 구원이 필요했던 한 시대를 위해 기도한 사람이었습니다.

한 사람의 기도가 세상을 구원할 수는 없겠으나

한 사람의 순정한 기도조차 없이

어떻게 그 시간을 살아낼 수 있었을까요?

나는 기도하고 기도하며 한 알의 밀알이 되고 싶었던 사내였습니다.

자, 이제 나를 다시 바라봐 주십시오.

손양원은 누구입니까?

당신은 왜 나, 손양원을 궁금해 합니까?

목차

책을 펼치기 전에
4

사랑의 사도 손양원
손양원의 사랑 01
10

소녀
손양원의 사랑 02
20

깊은 슬픔
손양원의 사랑 03
32

십자가
손양원의 사랑 04
44

구원
손양원의 사랑 05
58

아버지
손양원의 사랑 06
68

풍경
손양원의 사랑 07
80

추억
손양원의 사랑 08
98

이별
손양원의 사랑 09
108

지옥
손양원의 사랑 10
122

여정
손양원의 사랑 11
134

비극
손양원의 사랑 12
144

주홍글씨
손양원의 사랑 13
154

유언
손양원의 사랑 14
164

상처
손양원의 사랑 15
176

사랑
손양원의 사랑 16
184

전쟁
손양원의 사랑 17
194

기도
손양원의 사랑 18
206

손양원

나환자의 아버지로 불릴 만큼 사랑과 헌신의 삶을 산 순교자.
1902년 출생. 1926년 이후 경남, 부산, 광주, 여수 등지에서 사역하였으며 1939년부터 애양원에서 나환자들을 위해 헌신했다. 1940년 신사참배 반대운동으로 일제의 감옥에 갇혔다가 광복을 맞고서야 풀려났다. 1948년 여순사건으로 두 아들 동인과 동신을 잃었으나 아들을 죽인 청년(안재선)을 용서하고 자신의 양자로 삼아 사랑하였다. 한국전쟁 중인 1950년 9월 28일 인민군에 의해 총살 순교하였다.

손동희

손양원의 딸. 두 오빠와 아버지의 죽음으로 상처 입은 날들을 보냈고, 무엇보다 두 오빠를 죽인 원수 청년을 양자로 받아들인 아버지 손양원을 이해하지 못해 원망 가운데 사춘기를 보내야 했다. 그러나 세월이 흐르고 손양원의 삶에 대한 회고록을 쓰면서 사랑과 용서에 대한 아버지의 깊은 마음을 이해할 수 있게 되었다.

안경선

손양원이 양자로 삼은 안재선의 아들. 아버지 안재선을 여읜 후에야 그가 여순사건 시기 손양원의 두 아들을 죽인 장본인이었다는 과거를 알게 되고 방황의 날들을 보냈다. 아버지의 유언으로 신학교를 나와 목사가 되었다.

이철환

베스트셀러 『연탄길』, 『위로』의 저자. 따뜻한 감성과 사색의 글을 쓰는 작가로 어느 날 우연히 방문한 여수에서 손양원의 이름을 발견한 후, 그의 딸이 남긴 회고록을 통해 알지 못했던 손양원의 삶을 찾아간다.

사랑의 사도 손양원

그는 눈을 뜨자마자 두 손을 모은다. 밀려오는 말을 내뱉어보려 하지만 말을 처음 배우는 아이처럼 목이 멘 듯 입 밖으로 쉽게 내뱉지 못한다.

'가야겠다. 오늘은 꼭 찾아가야겠다.'

순간 안경선의 마음이 소용돌이친다. 덮고 덮으려 해도 싸한 냉기에 온몸이 저린 듯, 정신을 붙잡는 감각이 그를 일깨운다.

그는 안다. 이것은 결코 잊어버릴 수 없는 일이라는 것을. 그러나 할 수만 있다면 부인하고 싶었다. 시간이 흐르면서 마모되고 잊혀질 것이라 믿고 싶었다. 그리고 그것은 그와 무관한 일이라 말하고 싶었다. 하지만 그런 생각과는 달리 그 일은 늘 머릿속을 맴돌았고, 오랜 버릇처럼 시도 때도 없이 그를 찾아오곤 했다. 더 이상 망설일 수 없었다.

그는 집을 나섰다. 공기는 맑았고 푸르게 펼쳐진 하늘엔 구름 한 점 없었다. 그의 발길은 국회도서관을 향했다. 도서관 안으로 들어선 그는 접수대 컴퓨터로 이용자 등록을 하고 신문열람실로 들어섰다.

마이크로필름의 검색화면이 빠르게 돌아갔다. 일제강점기와 고종황제, 광복, 김구, 한국전쟁 시기의 사진들과 기사가 보인다. 그리고 잠시 후, 그의 눈이 한 기사에서 멈춘다. 연합신문 1950년 10월 하순.〈손양원 순교 추도회〉.

기사에는 손양원 목사의 사진이 실려있다. 가지런하게 탄 가르마가 잘 어울리는 손양원 목사는 왼쪽으로 고개를 갸웃이 기울인 채 안경 너머의 그윽하고 유난히 맑은 눈으로 그를 바라보고 있는 것 같다. 아담하고 단정한 용모가 눈길을 끈다. 그 눈빛을 보고 있자니 마치 처음부터 알고 지내던 분처럼 느껴졌다.

그는 눈길을 옮겨 기사를 읽어내려 간다.

'손양원 목사의 거룩한 순교' '사랑의 사도' '손양원 목사는 여순사건 때 자신의 두 아들을 죽인 죄로 사형을 받은 자를 구해 아들로 삼고 애양원 나환자들을 지키다 9월 28일 새벽 여수에서 피살순교하였다.'

문장을 읽어내려 갈수록 그의 가슴은 쇠사슬에 감긴 것처럼 무거워진다. 쇠의 차가운 기운이 가슴 한복판을 가로지르는 듯하다. 목울대가 움직인다. 그는 잠시 눈을 감는다. 눈가가 젖어온다. 눈물이 흐른다.

'나의 아버지는 손양원 목사의 양아들이었다.'

손양원의
사랑

01

낙동강과 남강이 지나는 비옥한 땅, 경상남도 함안군 칠원면 구성리에 있는 어느 낡고 초라한 초가집이 손양원의 집이다. 그의 아버지는 농사를 짓는 농부였다. 비록 넉넉한 형편은 아니었지만, 집 안에는 언제나 행복이 넘쳤다. 그 행복은 믿음이 주는 은총에서 오는 것으로 한 사람의 의식세계를 이루는 깊은 우물이었다.

복음은 손양원의 영혼 속에서 씨앗을 내리고 잎사귀를 올리고 있었으며 그것은 말씀을 향해 나아가는 삶 속에 더욱 튼튼하게 뿌리를 내려가고 있었다.

그러나 시대는 바야흐로 암흑의 시기였다. 손양원이 태어난 1902년은 격랑의 시대였고, 민족의 운명은 언제 꺼질지 모르는 바람 앞의 등불과 같았다.

'이 나라의 운명이 과연 어찌될는지.'

손양원의 아버지는 남들만큼 많이 배우지는 않았지만, 의식이 깨어있는 사람이었다. 위기에 처한 나라의 현실을 보며, 종종 짙은 한숨을 내쉬곤 했다.

어느 날이었다. 이웃집에 사는 사람이 손양원의 아버지를 찾아왔다. 나름대로 강직한 시국관을 갖고 있던 그는 국모인 명성 왕후 시해를 기점으로 점점 노골화되어 가는 일본의 검은 야욕에 대해 분노를 터뜨렸다.

손양원의 아버지 역시 풍전등화와 같은 나라의 형편을 안타깝게 여기고 있었다.

"이보게, 종일. 자네에게 할말이 있는데 정말 기쁜 소식이라네."

"기쁜 소식이라니요?"

"오늘 저녁에 우리 집에서 예배가 있는데, 함께 해보지 않겠나?"

"예배라니, 그 예수인가 누군가를 믿는다는 종교 말이요? 난 관심 없소이다. 예수 믿는다고 밥이 나오는 것도 아니고 떡이 나오는 것도 아니고…….."

"하하하, 예수님을 믿고 하나님을 섬긴다면 밥보다도 떡보다도 더한 은혜를 입게 될 걸세."

"뭐요?"

마지못해 나간 그 자리에서, 손양원의 아버지는 인생의 큰 전환점을 맞았다. 함께 예배드리던 이들과의 대화를 통해 신앙이 무엇인지 깨닫게 되었고, 그들이 갖고 있는 넘치는 평안과 기쁨을 소유하고 싶어졌다. 아버지는 처음으로 성경을 펼쳤다. 그리고 그 속에서 이 세상은 하나님이 만든 세계이며 하나님을 믿지 않으면 구원받지 못한다는 사실도 알게 되었다. 그리고 어떠한 시련 속에서도 하나님을 의지한다면 이겨낼 수 있다는 것을 깨닫게 되었다. 어렵고 혼란했던 시기, 십자가에 못 박힌 예수님의 희생은 아버지에게 한 줄기 희망이 되었다. 아버지의 마음속에 예수라는 글자가 선명하게 새겨진 순간이었다.

"이제부터는 돌아가신 조상님께 절을 올리지 않을 것입니다. 오직 하나님만을 섬기며 하나님만을 즐거워하며 살아갈 것입니다."

하나님을 영접한 후, 손양원의 아버지는 스스로 상투를 자르고 이제까지와는 다른 삶을 살기로 맹세했다.

"뭐라? 부모가 준 상투를 자르다니! 미치지 않고서야 어찌 그럴 수 있단 말인가? 게다가 조상님을 버리고 하나님인가 뭔가를 섬기겠다고?"

"근본도 없는 놈. 조상님을 버리면 어떤 벌을 받게 될지 두고 보자고."

주위의 비난과 조롱은 감내하기 쉽지 않았다. 그러나 이미 예상한 것이기도 했다. 멸시 어린 주변의 눈빛 속에서도 아버지는 꿋꿋이 하나님의 말씀을 마음속 깊이 새기고 또 새겼다.

"하나님을 섬겨야 합니다. 오직 하나님만을 섬겨야 합니다."

오로지 하나님만을 섬기겠다는 그의 신념에는 조금의 굽힘도 없었다. 믿음과 전도는 계속되었고, 그 믿음은 어느새 마을 공동체 속에도 조금씩 자리잡기 시작했다. 또한 어린 손양원의 영혼 속에도 하나님의 축복이 씨앗을 내리고 잎사귀를 올리고 있었다.

아직 해가 뜨지도 않은 이른 아침이었다. 손양원의 아버지와 어머니는 새벽 기도 갈 채비를 하고 있었다. 혹시나 어린 손양원이 깨지나 않을까 발소리마저 죽였건만,

손양원은 누가 시키지도 않았는데 부스스 일어나 옷을 챙겨입었다.

"아버지, 어머니, 저도 교회에 갈래요."

7살, 아직 어린 나이인데도 그는 예수님을 닮은 삶을 꿈꾸고 있었다. 새벽의 여명 속에서 눈부시게 아름다운 세계가 펼쳐지는 것에 감사했고, 그 시간에 기도드려야 하는 것이 무엇인지 가르쳐주지 않아도 아는 듯했다.

"양원이 너도 새벽 예배 가려고?"

"네, 저도 빨리 하나님을 만나고 싶어요."

"하나님을 만나면 무얼 하려고?"

"이 세상을 창조하시고, 우리에게 눈부신 햇살을 볼 수 있게 해주신 하나님의 은혜에 감사 기도를 할 거예요."

"오, 기특하기도 하지. 우리 아들."

아버지는 그런 손양원을 가슴으로 품어 안아주었다. 그리고 기꺼이, 교회로 그를 인도했다.

어느덧 예수님을 믿고, 새벽 기도와 아침저녁 가정예배, 십일조 헌금과 주일 성수를 지키는 것은 손양원 가족의 어길 수 없는 규칙이 되었다. 그리고 그들의 믿음 안에는 어려움에 처한 민족을 걱정하는 자리도 함께 마련되어 있었다.

"양원아, 민족의 어려움을 결코 잊어서는 안 된다."

"이 나라는 이제 어찌 되는 건가요? 또 제가 무엇을 해야 하는 건가요?"

손양원은 아버지에게 물었다. 돌이켜보면, 아버지도 비슷한 고민을 한 적이 있었다. 어쩌면 풀지 못할 숙제와 같은 것, 그러나 손양원의 아버지는 아들에게 해줄 수 있는 말이 있었다.

"하나님의 가르침을 마음속에 새기고 따르도록 하여라. 그 속에 이 나라, 이 민족을 구원하는 길이 반드시 있을 것이다."

나라의 존망을 가르는 시기, 애국심은 어쩌면 부메랑처럼 독이 되어 돌아올지도 몰랐다. 차라리 굴복과 타협을 가르치는 편이 어린 손양원이 더 편하게 살 수 있는 길이 될지도 몰랐다. 그러나 아버지는 조금의 주저함도 없이 나라를 사랑하는 마음을 가르쳤다. 그것은 예수님이 왜 고난의 길을 택했는지 너무도 잘 알았기에 가능한 일이었다.

소녀

도시는 박람회 행사로 들뜬 분위기였다. 거리는 사람들로 넘쳐났고 흥분한 기색을 숨길 수 없었다. 그 열기를 식히려는 듯 갑자기 소나기가 도시 곳곳에 화살처럼 내리꽂히고 있었다.

소설가 이철환은 많은 인파로 북적대는 박람회장에 들어섰다.

바다의 습기와 소나기가 남기고 간 물 냄새가 박람회장의 공기에도 스며있었다. 더위와 습기로 끈적끈적해진 날씨에 박람회 장소에 모인 수많은 사람들이 주는 번잡한 분위기가 짜증을 일으킬 법도 했지만 이철환은 사람들 사이를 천천히 오가며 전시물들을 관람하고 있었다. 눈길을 끄는 전시물들이 있었지만 더위 탓인지 인상 깊게 다가오거나 흥미를 일으키진 않았다.

그러던 차에, 박람회장을 나온 이철환의 눈에 유독 들어오는 것이 있었다. 여러 가지 것들이 가지런히 꽂혀있는 곳에서 존재감을 드러낸 책자였다. 미래와 첨단을 전시하는 박람회와는 너무나도 어울리지 않는 인물이 그의 시선을 빼았았다. 이철환은 그것을 집어 손에 들었다.

'여수 손양원 기념관'

이철환은 책자를 펼쳤다. 그러고 보니 박람회장으로 오던 길에 무심히 흘려 보았던 손양원 목사 기념 오페라 공연 포스터를 보았던 것이 기억났다.

'이 사람이 도대체 누굴까?'

책자 속 인물은 의문과 함께 호기심이 일게 했다.

'인류 역사에 최고의 사랑을 실천한 민족지도자'

그런데 헌사를 마주하고는 묘한 거부감이 들었다. 그런 거부감이 오히려 이철환의 관심을 불러일으키고 있었다.

'이거 혹시 지나친 신비화가 아닐까? 그의 삶의 무엇이 그토록 위대하다는 것일까?'

그런 의문들은 단 한 번도 관심이 없었던 어떤 한 사람의 생애에 대한 궁금증을 불러일으켰다. 이철환은 조금의 망설임도 없이 책자에 소개된 바로 그 장소를 찾아나섰다.

여수공항 뒤편으로 난 작은 마을길을 지나 우뚝 서있는 손양원 기념관은 관람객이 없어 매우 한적했다.

기념관 안에 들어선 그때, 이철환은 한 소녀와 마주했다. 사진 속에 있는 소녀는 너무도 슬퍼 보였고, 그 모습은 지금 막 그의 곁을 스쳐 지나간 듯 생생하게 다가왔다. 그러나 그때는 이 소녀가 전해줄 엄청난 이야기들을 미처 짐작하지 못했다.

손양원의
사랑

02

한문 성당에 입학해 공부를 시작한 손양원은 13살이 되던 해인 1914년 4월 1일, 칠원 공립 보통학교에 입학하였다. 손양원은 공부하기를 좋아했으며 학업 성적도 제법 우수했다. 어려운 형편에도 자식을 학교에 보낸 아버지의 뜻을 알았기에, 손양원은 공부를 소홀히 할 수 없었다. 그러나 3학년이 될 무렵, 손양원은 지각과 결석을 밥 먹듯이 하기 시작했다.

"손양원, 오늘도 결석인가?"

또 비어있는 자리를 본 교장선생님의 얼굴이 붉으락푸

르락 변했다. 손양원이 왜 학교에 나오지 않았는지 너무나 잘 알고 있었기 때문이었다.

1910년, 위태롭던 불꽃은 끝내 꺼지고 말았다. 조선 땅을 송두리째 손에 넣은 일제는 한국민의 정신까지도 일제에 복속시키고자 했다. 그리고 그 중심에는 일본 천황이 있었다. 신사의 기본 정책을 수립한 일제는 모든 관공서에 천황의 사진을 내걸고 행사 때마다 최경례를 하도록 했다. 게다가 천황이 있는 일본의 동경을 향하여 경의를 표하는 동방 요배를 강요하였다. 그것은 단순한 경의를 넘어선 숭배였다. 요배는 일반인에게만 강요되지 않았다. 각종 제일, 축제마다 학생들에게도 강요했다. 하나님이 아닌 다른 이를 숭배하는 것은 기독교의 정신에 어긋난 일이므로 기독교 학교에서는 동방 요배를 따르지 않았다. 하지만 일반 관공립 학교는 사정이 그렇지 못했다. 1915년, 일제는 개정 사립 학교령을 공포하고 학교 내 종교 교육까지 금지시켰다.

"동경은 대일본제국의 천황이 계시는 곳이다. 신국의 국민으로서, 수업을 시작하기 전에 마땅히 동경을 향해 경의를 표해야 할 것이다."

손양원이 다니던 칠원 보통학교의 교장 역시 일본인이

었다. 교장은 교사뿐 아니라 학생들에게도 동방 요배와 신사참배를 강요했다. 또한 매주 월요일에는 애국조회라는 명목으로 학생들을 모아놓고, 동경을 향해 고개를 숙이도록 했다.

손양원이 처음 학교에 들어갔을 때부터, 아버지는 늘 입버릇처럼 말했다.

"학교에 가면 선생님 말씀을 잘 들어야 한다. 예부터 스승의 그림자도 밟지 않는다고 했다. 선생님을 존경하고 받들도록 하여라."

손양원은 아버지의 그 말씀을 가슴에 새겼다. 그러나 기독교인으로서, 손양원은 선생님의 부당한 지시를 따를 수 없었다.

"동방 요배는 십계명 중에서 제1계명을 범하는 것입니다. 하나님을 섬기는 자로서, 어찌 다른 이를 숭배한단 말씀입니까? 저는 따를 수 없습니다."

손양원의 말을 들은 아버지 손종일도 고개를 끄덕였다.

"옳은 말이다. 그런 부당한 지시라면 네가 따르지 않아도 좋다."

애국조회가 있는 날이면, 아버지는 손양원을 학교에 보내지 않았다. 지각과 결석은 부당함에 맞서는 그들만의 신념이자 항거였던 것이다.

"천황을 섬기지 않는 자는 수업을 받을 자격도 없다."

1916년, 3학년이었던 손양원은 동방 요배를 거부한 이유로 학교에서 퇴학 당했다.

학교에서 돌아온 손양원을 보며 아버지는 간절히 기도했다.

"주님, 이 부족한 것의 미천한 아들에게 이런 시련을 주시니 감사합니다. 하나님이 보시기에 합당한 일꾼이 될 때까지 함께하여 주십시오."

학교에 다니지 못한다는 것, 그리고 공부를 할 수 없다는 것은 어린 손양원에게 큰 충격으로 다가왔다. 그러나 손양원은 자신의 선택을 후회하지 않았다. 옳은 선택을 했으니 후회할 필요도 없었다. 그리고 하나님은 그런 손양원을 그냥 내버려두지 않았다. 호주 선교사 맹호은의 도움으로 손양원은 다시 학교에 복학하게 되었다. 그 인연으로, 이듬해 맹호은으로부터 세례를 받았다. 손양원은 다시 복학한 뒤에도 학교의 부당한 요구에 응하지 않았다. 여전히 동경을 향해 고개를 숙이지 않았으며, 주일에 등교하라는 학교의 명령도 듣지 않았다. 주일은 온전히 하나님을 위한 시간이어야 했기 때문이다. 그런 손양원을 학교에서 곱게 봐줄 리 없었다. 늘 눈엣가시였고, 수업을 들을 때나 하다못해 복도를 걸을 때도 일본인 선생님들의 따가운 눈총을 받아야 했다. 그러나 손양원 곁에는 언제나 주님이 계셨다. 굳은 신앙의 힘은 온갖 시련도 이겨낼 수 있게 해주었다. 1919년 3월 24일, 우여곡절 끝에, 손양원은 졸업장을 가슴에 품었다. 보통학교를 졸업한 손양원은 정들었던 고향땅을 떠나 서울 안국동에 있는 중동학교에 진학했다. 서울에 있는 학교에서는 동방 요배를 강요하지 않았기에 어쩔 수 없는 선택이었다. 난생 처음 보는 서울의 풍경은 손양원의 눈을 휘둥그래지게 만들었다. 거리 한가운데로 전차가 다녔고, 곳곳에 서양식 건축물이 들어서 있었다. 그러나 낯선 환경에 마냥 감탄할 여유는 없었다. 집안 형편이 넉넉지 못했기에, 학교에 다니기 위해서는 스스로 학비를 벌어야만 했다. 그래서 낮에는 공부를 하고 밤에는 가게에서 만두를 파는 일상이 계속되었다. 힘겨운 하루하루였지만, 손양원은 좀처럼 불평을 하는 법이 없었다. 하나님의 뜻을 거스르는 것이 아니라면, 어떤 고난도 이겨낼 자신이 있었다.

어려운 생활 속에서도 손양원은 안국동 교회에 다니며, 주일 성수와 십일조를 철저히 지켜나갔다. 그런데 그런

그마저도 어쩔 수 없게 만드는 시련이 닥쳐왔다.

어느 날 손양원을 교무실로 불러들인 선생님은 다짜고짜 그에게 말했다.

"네 아버지 이름이 손종일이냐?"

"네, 왜 그러시죠?"

"넌 오늘부로 퇴학이다."

"네? 그게 무슨 말씀이세요?"

손양원이 되물었지만, 선생님은 그가 퇴학을 당해야 하는 이유에 대해 설명해주지 않았다. 오로지 경멸 가득한 눈빛을 보낼 뿐이었다. 그리고 며칠 뒤, 고향땅으로부터 청천벽력과 같은 소식이 전해졌다. 아버지 손종일이 독립운동을 주도했던 사실이 발각되어 징역을 살게 된 것이었다.

그들의 눈에 비친 손양원은 감히 천황폐하에 반기를 든 폭도의 아들일 뿐이었다. 손양원이 학교에 더 이상 다닐 수 없게 된 것은 어쩌면 당연한 일이었다. 그러나 시련은 여기서 그치지 않았다.

"이보게, 양원이. 알다시피 시국이 시국인지라……."

아르바이트를 하던 만두가게 주인은 말끝을 흐리며 양원을 그만두게 했다. 양원은 그것이 무슨 의미인지 모르지 않았다. 그런 와중에도 손양원은 철저하게 주일을 지키며 신앙생활을 했다. 하지만 그에게 돌아온 것은 극심한 생활고였다. 이제 더 이상 서울에 머물 이유는 없어 보였다. 주머니 속에 있는 돈이라고는 70전이 전부였다. 손양원은 가지고 있던 돈 전부를 다니던 교회에 헌금으로 바치고 고향으로 향하는 열차에 몸을 실었다. 고향에 돌아와 집안일을 거들며 하루하루를 보냈다. 그리고 1년이라는 시간이 흘렀다.

"양원아, 나 때문에 못다한 공부를 계속해야 하지 않겠느냐?"

감옥에서 나온 아버지는 손양원이 공부를 그만둔 것을 내내 마음에 걸려했다.

'하나님을 위한 길은 무엇이고, 민족을 위한 길은 또 무엇일까?'

손양원은 깊은 고민에 빠졌다. 더 이상 조선에서 꿈을 키울 수 없을 것 같았다. 막다른 길목에 선 식민지의 청년은 내키지 않았지만 일본으로 유학을 떠날 결심을 할 수밖에 없었다.

깊은 슬픔

순결함과 순수함으로 유리를 뚫던 햇살이 순하게 잦아든다. 저만큼 불끈 솟은 붉은 햇덩이가 떨어지면서 일대의 모든 것들이 아찔하도록 눈부신 빛으로 물들어간다.

집 안 가득 은은한 빛이 채워진다. 눈이 내린 듯 하얗고 안개에 젖은 듯한 실내에, 그토록 슬퍼 보였던 소녀는 이제 할머니가 되어 서있다.

그녀는 소파에 앉는다. 그리고 잠시 생각에 잠긴다. 뒤를 돌아본다. 돌아보니 참 멀리도 와있다.

'내 나이 이제…….'

이제 모자랄 것도, 그렇다고 넘칠 것도 없다. 어깨에 지워진 삶의 무게를 가늠하기보다는 절망이나 원망을 지혜롭게 비켜갈 줄 아는 나이.

손양원 목사의 딸 손동희, 그녀는 오래오래 뒤를 돌아본다. 세월의 흔적이 켜켜로 쌓여있으나 가슴 안에서 지난 이야기가 고개를 든다. 순간 아물었다고 생각한 상처들이 파노라마처럼 온몸으로 퍼지며 가슴이 시려왔다.

그녀는 오래 전에 써두었던 일기장을 펼친다. 충혈된 눈에 물기가 모아지고, 이어 눈물이 방울방울 볼을 타고

내려온다.

'아, 나의 아버지 손양원 목사.'

그녀는 여전히 하나님께 물어보고 싶은 게 많다.

"하나님! 어찌 이럴 수가 있습니까? 왜 하필이면 우리 가정을 이토록 흔들어놓으셨나요?"

그 오랜 세월, 아버지의 이름을 부르며 그녀는 많이도 울었다. 하지만 지금도 여전히 아버지만 생각하면 눈물이 나온다. 그리고 원망했다. 울분과 분노와 하늘이 무너져 내릴 것 같은 절망이 온몸을 흔들었다. 그녀는 보고 듣고 겪은 이야기들을 기록해갔다. 하지만 그 기록은 분노와 슬픔과 질문의 덩어리진 말들이었다.

어디에도 가닿지 못하는 것 같아 토해낼 수밖에 없었던 말들, 말이 되지 못하던 말들, 주먹을 힘껏 쥔 듯 떨렸던 말들, 눈물만으로는 다 할 수 없었던 말들. 그녀는 그 말들을 기록했다.

'순교? 그게 뭔데. 남들은 거룩하다 말하겠지. 그까짓 순교……'

그녀는 정말 그렇게 생각했다. 두 오빠의 죽음과 연이

은 아버지의 죽음을 감당하기에 소녀는 너무 어렸다. 할머니가 되어서도 슬픔과 분노는 완전히 가라앉지 않았다.

손양원의
사랑

03

1921년, 부푼 기대를 안고 일본으로 건너간 손양원은 동경의 스가모 중학교 야간부에 입학했다. 그러나 가난과 궁핍은 여전히 그를 따라다녔다. 공부를 하기 위해서 낯선 거리를 돌며 신문이나 우유를 배달하는 일을 하지 않으면 안 되었다. 이미 각오한 일이었지만, 낯선 타국 땅에서 언어와 문화가 다른 사람들 속에 살아가는 것은 결코 만만한 일이 아니었다. 너무 힘든 현실은 손양원을 좌절하게도 만들었다.

그러나 그럴수록 손양원은 성경 말씀에 귀를 기울였다.

그러면 하나님은 세상이 줄 수 없는 평안을 주셨다. 그 평안이 있었기에 꿈꿀 수 있었고, 열심히 앞을 바라보며 달려갈 수 있었다. 더 정확히 말하면 손양원은 결코 불안 때문에 쫓기듯 공부하지 않았다. 하나님을 바라봤기에 열심히 공부했고, 당당하게 꿈을 꿨다.

그날도 신문을 돌리고 돌아오는 길이었다. 매번 다니는 길인데도, 아직 일본의 골목길은 낯설기만 했다. 신문을 배달하는 시간이 길어지면, 공부 시간은 그만큼 줄어들었다. 손양원은 학교로 향하는 발걸음을 재촉했다. 그런데 손양원 앞으로 한 무리의 사람들이 보였다.

"하나님을 믿으세요. 하나님을 믿고 구원을 받으세요."

모두들 열정적으로 하나님의 은혜를 외치고 있었다.

'여기도 역시 하나님의 땅이란 사실을 내가 잊고 있었구나!'

일본 동방선교회의 노방전도는 손양원에게 큰 감명을 주었다. 또한 동경의 판교 성결교회 전중치 목사의 설교는 참된 신앙의 의미를 체득하게 했다.

손양원은 다시 한 번 마음을 다잡았다. 어두운 시대에, 언젠가 구원을 얻으리라는 희망을 가슴에 품고, 매일 매일 힘차게 낯선 풍광의 거리를 달리고 또 달려나갔다. 주일이면 일을 중단하고 노방전도에 동참하여 북을 메고 거리를 돌아다녔다.

마음이 무겁고 심란하면 고요한 숲속이나 공동묘지 같은 곳에 찾아가 소리내어 기도를 드렸다. 그리고 고향이 그리워지면 정성껏 식구들에게 편지를 썼다. 하루라도 빨리 조국에 돌아가 복음전파를 위해 일해야 한다는 생각뿐이었다.

1923년, 스가모 중학교를 졸업한 손양원은 귀국길에 올랐다. 그리고 인생의 방향과 목적을 주님 안에서 재정비했다.

"아버님! 저는 목사가 되겠습니다. 그래서 어두운 이 땅을 밝게 비추는 등불이 되겠습니다. 사람이 태어나 할 수 있는 일 중에 최고의 가치라는 생각이 듭니다."

아버지 손종일은 기쁨에 겨워 눈시울을 붉혔다.

"참말로 잘 생각했다. 내 진즉부터 기도하고 또 짐작은 했다만 네 결심을 들으니 이렇게 기쁠 수가 없구나. 이 애비도 죽을 때까지 널 위해 기도하마."

손양원은 본격적으로 성경 66권의 오묘한 진리를 배우기 시작했다.

그런 어느 날이었다. 아버지가 손양원을 불렀다.

"양원아, 이제 너도 혼인을 해야 하지 않겠느냐?"

"아닙니다. 소자 아직 해야 할 일이 많습니다. 아직 한 가정의 가장이 되기엔 부족합니다. 게다가 따로 사귀는 여인도 없고……."

손양원은 말끝을 흐렸다. 그러자 아버지는 방그레 웃으며 말했다.

"그래, 내 그럴 줄 알았다."

알고 보니 아버지는 손양원의 귀국에 맞춰 혼처를 마련해두고 있었다. 이듬해인 1924년 1월 17일, 손양원은 함안군 대산면 옥열리에 사는 다섯 살 어린 정양순을 아내로 맞이했다.

그런데 우연이었을까 필연이었을까, 처갓집이 있는 옥열리로 신행을 간 손양원이 장인과 장모에게 큰절을 올리고 담소를 나누던 중이었다. 어디서 소문을 들은 모양인지, 그 마을에 있는 교회의 신자 몇 명이 찾아왔다.

"저기 실례지만, 손양원 선생 되시는지요?"

"그렇소만, 무슨 일이신지?"

"일본 유학을 마치시고 돌아오셨다 들었습니다. 무례인 줄 알지만, 저희 옥열 교회에서 한 번만 설교를 해주실 수 없겠는지요. 꼭 부탁드리겠습니다."

"제가 무슨 설교를, 당치도 않습니다."

손양원은 손사래를 치며 사양했지만 설교는 하나님의 말씀을 증거하는 일이었다.

"네, 알겠습니다."

손양원은 도리가 없다는 듯 대답했다. 그런데 그 한 마디가 그의 인생을 송두리째 바꾸는 계기가 될 줄은 꿈에도 생각지 못했다.

옥열 교회는 시골마을의 작은 교회였다. 좁은 교회 안을 가득 메운 신자들 앞에서 손양원은 지극히 사랑하시는 하나님의 은혜에 대해 열변을 토하고, 예수 그리스도의 무한한 기적의 능력에 대해 열성을 다해 설교했다.

"전도사님 설교 말씀을 듣고, 마치 불에 덴 것처럼 가슴이 뜨거웠습니다. 너무나 큰 은혜에 진심으로 감사를 드립니다."

설교가 끝나자 몇몇 신도들이 찾아와 손양원에게 감사의 인사를 전했다. 그런데 그 중에 부산 감만동 나환자촌에 기거하는 나 권사라는 분이 있었다.

"정말 감명 깊은 설교였습니다. 저희 감만동 나환자촌에도 오셔서 좋은 말씀을 전해주시지 않겠습니까?"

"나환자촌이요? 문둥병 환자들이 있는 곳 말입니까?"

"그렇습니다. 부디 오셔서 그들에게도 하나님의 말씀을 전해주시기 바랍니다."

손양원은 잠시 대답을 망설였다. 나병에 대해 들은 적이 있는지라 그 무서움도 잘 알고 있었기 때문이다. 그러나 이내 생각을 고쳐먹었다. 하나님의 말씀을 전하는데, 그들이 나환자면 어떻고 그 모습이 흉측하면 또 어떠한가? 손양원은 흔쾌히 나 권사의 제안을 받아들였다. 그리고 그날, 옥열 교회에서의 설교는 손양원이 나환자들과 인연을 맺게 된 계기가 되었다. 그의 가시밭길 같은 여로가 시작된 것이다.

며칠 뒤, 손양원은 나환자들에게 복음을 전하기 위해 부산으로 내려갔다.

손양원의 설교를 듣기 위해 일찍부터 많은 사람들이 모여들었다. 그런데 그 모습은 하나같이 보기 힘들 정도로 흉측했다. 피부는 곪을 대로 곪아 녹아내리고 있었고, 코와 귀가 없는 사람들도 태반이었다. 예상은 했지만, 막상 눈으로 본 나환자들의 모습은 차마 눈으로 보기 힘들 정도로 처참했다.

설교가 시작되기 전, 손양원은 간절히 하나님께 기도를 했다.

"사람들이 병으로 살점이 떨어져나가고
얼굴이 무섭게 변해있으니 대하기가 힘듭니다.
무섭지 않게 하시옵소서.
환자들의 살이 썩으니 냄새가 심합니다.
냄새를 못 느끼게 하시옵소서.
처음 나환자들을 위한 목회를 시작했으니
나환자들을 위한 목회로 끝내게 하여 주시옵소서."
　구원의 확신은 손양원으로 하여금 모든 사물을 바라보는 시각을 변화시켰다. 용서와 이해, 사랑이 그의 생활 곳곳에 반영되었다. 하나님께서는 당신의 백성이 높임을 받는 것을 원하셨다. 설교가 시작되자, 말씀을 사모하고 있던 나환자들의 마음속에 복음의 꽃씨들이 뿌려지고 그것은 이내 꽃이 되어 피어나기 시작했다. 흘러넘치는 기쁨과 충만한 은혜에, 그들은 엉엉 울며 목청껏 기도를 했다. 짧은 만남이었지만, 손양원의 설교는 나환자들의 신앙 성장을 훨씬 가속화시켰다.
　나환자들과의 짧은 만남을 뒤로하고, 손양원은 학업을 계속하기 위해 다시 일본으로 건너갔다. 그런데 이상한 일이었다. 책을 보고 있으면 자꾸 나환자들의 모습이 떠올랐다. 그리고 그 뒤로 십자가의 모습도 동시에 눈에 아른거렸다.

'그래, 이제 내가 조선 땅에서 해야 할 일이 무엇인지 알 것 같구나.'

일본에 온 지 8개월 만에, 손양원은 다시 조선 땅으로 돌아왔다. 그리고 칠원읍 교회의 집사로 피선되어 봉직하였다. 이듬해에는 첫째 아들 동인이 세상에 태어났다. 그리고 1926년 3월, 진주에 있는 경남 선교학교에 입학해 공부하며 바쁜 나날을 보냈다. 그런데 아들의 첫돌이 찾아올 무렵, 감만동 교회로부터 예상치 못한 연락이 왔다. 다름 아닌 전도사로 부임해달라는 것이었다. 손양원은 가슴이 두근두근 뛰기 시작했다. 손양원은 2년 전, 나환자들과 처음 만난 기억을 잊지 않고 있었다.

'하나님, 정말 감사합니다.'

십자가

세상은 아직 희부옇게 안개가 내리깔린 새벽이었다. 새벽 예배를 드리고 성도들이 모두 돌아간 후였지만 안경선 목사는 자리에서 일어나지 않았다. 새벽 예배는 지치고 피곤한 영혼을 기도로 이완시키고 새 힘을 불어넣는 시간이다. 그는 묵상을 마친 후에도 한참을 앉아있었다.

밖은 어둠이 차차 가시고 동녘에 붉은 빛이 돌아나며 환해지고 있었다. 나무는 바람에 따라 가볍게 흔들리고, 어디서 들려오는지 알 수 없었지만 새소리가 들려와 귓가에 맴돌았다.

그는 그저 멍하니 서있기만 했다.

전기에라도 감전된 듯 찌릿찌릿한 통증은 또다시 가슴 한가운데서 시작돼 전신으로 퍼져나갔다. 불에 덴 듯 뜨거운 기운이 온몸을 휩쓸었고 가슴이 터질 듯 답답해졌다.

"아, 내 몫의 십자가, 이제 내가 정녕 어찌하면 좋겠는가……."

안경선 목사는 정말 몰랐다. 아버지가 하나님의 부르심을 받으시면서 왜 주의 종의 길을 걸어가라고 하셨는지,

왜 그런 말씀을 하셨는지 이해할 수 없었다. 그러나 그는 아버지의 과거를 알고, 더 큰 충격을 받았다. 왜 손양원의 양자가 되어야 했는지, 왜 자신을 숨긴 채 살아야 했는지, 그것들은 고스란히 그의 아픔이 되었다.

"주여! 주여!"

그는 햇살을 등지고 기도하고 있었다.

'어떻게, 어떻게 그럴 수가 있단 말인가? 어떻게!'

손양원 목사의 용서도 그의 좁은 소견으론 받아들이기 힘들었다. 정체성에 혼란이 왔고, 마음은 혼란스러웠다.

"어떻게 하면 될까요? 어떻게?"

묻고 물어도 하나님은 아무런 대답이 없었다. 그렇다면 그의 질문에 답해줄 이는 오직 한 사람이었다. 바로 손양원 목사.

이 모든 것은 그 한 사람의 삶과 죽음을 통해 세상에 뿌려진 씨앗이었다.

'만약 내가 손양원 목사였다면 한없이 절망했을 것이다. 아무리 애를 써도 꿈쩍하지 않는 한 시대의 야만에 가위눌렸을 것이다.'

하지만 손양원 목사는 자신을 향해 날아온 화살을 분노로 받아들이지 않았다. 그가 돌아본 것은 오히려 자기 자신이었다. 중요한 것은 바로 그것이었다. 원수를 사랑한 것은 말할 것도 없고 나환자들에 대한 헌신을 넘어 그 헌신을 위해 겪었던 고통과 좌절이 그에게 더 큰 의미로 다가왔다.

손양원 목사는 그렇게 그를 떨리게 하는 존재였다.

손양원의
사랑

04

초가지붕 위 갈미봉과 그 사이 바람고개 그리고 나뭇가지 위 사자봉과 황령산 능선이 손양원의 눈에 들어왔다.

손양원은 감만동의 가난하고 소외된, 사회로부터 버림받은 나환자들 사이로 들어섰다. 이미 몇 년 전 부흥회를 통해 감동을 체험했던 600여 명의 나환자들은 누구보다도 하나님의 말씀에 목말라 있는 사람들이었다.

감만동 교회의 목회는 호주 출신의 매견시 선교사가 맡아 하고 있었다. 때문에 손양원은 외지 전도를 하는 일을 주로 하게 되었다.

새로운 곳에서 설교와 전도를 하는 일은 대단히 보람된 일이었다. 그는 곧이어 사명을 받고 경남 울진 방어진과 남창에 교회를 세웠고, 부산 서구 부민동에도 복음을 전파하고 교회를 개척했다. 그리고 이따금씩 감만동 교회에서 설교를 하고, 환우들을 보살폈다.

손양원의 설교로 부산 감만동 나병원에는 차츰 복음의 꽃송이들이 피어나기 시작했다. 암흑에 잠겨있던 감만동 교회가 광명을 맞이한 것이다. 교회 안은 발 디딜 틈이 없었다. 참사랑의 진리를 깨닫는 시간이었고, 하나님께서 주관하고 계심을 확실하게 느낄 수 있었다.

그는 기도했다.

"하나님 감사합니다. 많은 아픔과 상처가 있는 곳, 처절한 가난이 있는 곳, 세상 누구도 거들떠보지 않는 소외된 이곳까지 오셨군요. 감사합니다."

손양원은 예배 내내 주체할 수 없는 커다란 감동을 느꼈다.

손양원은 더 많은 열매를 맺기 위해서는 배움에도 힘써야 한다고 생각했다. 가슴속 열망을 간직하고, 1935년 서른네 살의 나이에 평양 신학교에 입학했다. 늦은 나이에 공부를 시작했지만, 손양원은 조금도 위축되는 법이 없었다. 작은 키임에도 언제나 씩씩하게 걷는 모습은 사람들의 시선을 끌기에 충분했다. 학우들은 그런 손양원을 만나면 이렇게 말했다.

"이보게, 양원. 서서 걷지 그렇게 앉아서 아장아장 걸으면 쓰나."

이러한 놀림에도 손양원은 인상을 구기거나 성을 내지 않았다. 먼저 웃으며 다가가 말을 걸었고, 학우들의 고민을 자기 일처럼 걱정해주었다. 그런 덕분인지, 학우들도 손양원을 믿고 따라주었다. 학우들과의 두터운 교우와 신학에 대한 열망 그리고 무엇보다 신앙심과 민족의식이 강했던 평양 신학교의 학풍은 손양원을 영적으로 풍족하게 해주었다. 덕분에 그의 믿음은 더욱 강건하고 단단해졌다. 언젠가는 이 땅에 하나님의 뜻이 이루어지는 날이 올 것임을 손양원은 믿어 의심치 않았다. 그는 한편으로 평양 대동강의 능라도 교회 전도사로 시무하며 바쁜 나날을 보냈다.

그런데 시대는 그가 학업과 하나님의 일에만 전념할 수 있게 허락하지 않았다. 세월이 흘렀건만, 한국의 교회는 일본이 강요하는 신사참배 문제로 하루도 평화로운 날이 없었다.

"신사참배를 반드시 종교의 문제로 볼 필요는 없습니다."

"아닙니다. 신사참배는 분명 우상 숭배입니다. 다른 이를 숭배하는 것은 하나님의 말씀을 어기는 일입니다."

"허나 이러다가는 교회 전체가 위험해집니다. 차라리 신사참배를 받아들이고, 교회의 안녕을 도모하는 편이 좋습니다."

"신사참배를 받아들이자고요? 예수님이 어찌하여 십자가에 못 박히게 되셨는지, 왜 그런 선택을 하셨는지 벌써 잊으신 겁니까?"

어떤 문제든 찬성하는 사람이 있고 반대하는 사람이 있기 마련이었다. 신사참배 문제를 두고, 교회 내부에서도 격론이 벌어졌다. 함께 힘을 합치고 한 목소리를 내야 할 교회가 서로를 비난하고 헐뜯기 시작한 것이다. 이 모든 것이 바로 일제의 음흉한 의도였다.

일제는 계속해서 교회에 신사참배를 강요했다. 그리고 1938년 9월에 열린 한국 장로교 총회에서, 신사참배가 가결되기에 이르렀다. 교회 스스로 신사참배를 인정한 것이다.

장로교에서 산사참배를 받아들이자, 일제는 본격적으

로 신사참배를 강요하기 시작했다. 그러나 여전히 많은 사람들이 신사참배에 반대했다. 탄압은 계속되었고, 많은 사람들이 신사참배를 반대하다 옥에 갇혔다. 또한 많은 신학대가 폐교 조치를 당하기도 했다. 손양원이 다니던 평양 신학교도 예외는 아니었다.

한국 이름 나부열로 불리는 미국인 선교사 로버츠는 1924년부터 평양 신학교 교장을 맡게 되었다. 그는 1년 2학기제였던 학제를 3학기제로 바꾸는 등 신학교 발전에 정성을 쏟았다. 어느덧 한국 사람이 다 된 나부열 목사는 평안도 사투리를 즐겨 쓸 정도였다.

"교회는 그 나라의 풍토와 관습을 인정하는 것을 무조건 부정하진 않습니다. 허나 절대 용인할 수 없는 것이 있습니다. 신사참배를 인정하는 것은 교회를 부정하고 하나님을 부정하는 것입니다. 난 죽어도 신사참배를 받아들일 수 없습니다."

나부열 목사는 완강히 신사참배를 거부했다. 평양 신학교 학생들도 그의 결정을 따랐다. 물론 손양원도 마찬가지였다.

그러던 어느 날이었다.

"어찌하여 학교 문이 닫혀있는 것입니까?"

"문을 열어주십시오. 우리는 수업을 들어야 합니다."

평양 신학교의 교문이 굳게 닫혀 있었다. 아무리 문을 두들겨도, 교문은 열리지 않았다. 교문 앞에 짤막한 문구가 적힌 종이가 붙어있을 뿐이었다.

'오늘부로 학교가 폐쇄됨. 개별 통지가 올 때까지 등교할 수 없음.'

믿음의 일꾼을 길러내던 평양 신학교 역시 신사참배가 몰고 온 회오리바람의 역풍을 맞고 말았다.

'어찌 이럴 수 있단 말인가?'

졸업을 앞둔 손양원은 교문 앞에서 무기력하게 발걸음을 돌릴 수밖에 없었다. 그리고 얼마 후, 집으로 소포 하나가 배달되었다. 그것은 평양 신학교 졸업장이었다. 갈 곳을 잃은 손양원은 한동안 방황의 나날을 보내야 했다. 그는 산에 올라가 엎드려 몸부림치며 하나님께 매달렸다. 쌀을 가지고 가서 물에 불렸다가 한 주먹씩 씹어 먹으면서 나라와 민족을 위해 기도했다.

'하나님, 저는 이제 어찌해야 하는 것입니까? 저에게는 힘이 없습니다. 과연 제가 해야 할 일이 무엇입니까? 말씀해주십시오, 하나님.'

일제강점기, 매서운 총칼 앞에 많은 이들이 무기력하게

굴복해야만 했다. 어떤 이는 일제에 순응하며 변절했고, 또 어떤 이들은 모든 것을 내려놓고 세상을 외면하기도 했다. 그러나 죽음을 각오하고 싸우는 이들도 있었다. 만약 예수님이 지금 이곳에 계셨다면 과연 어떤 길을 택하셨을까?

여러 날 동안 계속된 기도는 손양원에게 형언할 수 없는 평온을 가져다주었다. 그리고 마침내 그가 해야 할 일이 무엇인지 깨닫게 해주었다. 그건 바로 많은 이들에게 복음을 전하고, 신사참배의 부당성을 알리는 것이었다. 부산 지방의 선교사 대리가 된 손양원은 부산, 여수 등지를 돌며 순회 전도를 다니기 시작했다.

"여러분, 신사참배는 기독교를 무너뜨리고 민족을 말살하려는 일제의 수작입니다. 신사참배를 따라서는 안 됩니다. 어떤 일이 있어도 신사참배를 해서는 안 됩니다!"

손양원의 설교는 듣는 사람들의 가슴을 뜨겁게 물들였다. 교회에 다니지 않는 이들마저 그의 목소리에 귀를 기울이고 두 주먹을 불끈 쥐었다. 어떤 이는 그를 찾아와 손을 맞잡고 울먹이기도 했다.

"그동안 역사와 민족을 외면하며 살았습니다. 그런 제 자신이 너무 부끄럽습니다."

그럴 때마다 손양원은 다독이며 말했다.

"일어나십시오. 그 누구도 탓할 일이 아닙니다. 지금부터라도 힘을 합쳐야 합니다. 하나님과 함께하십시오. 하나님이 힘을 주실 것입니다. 하나님의 힘에 비하면 일제의 총칼은 한낱 먼지에 불과합니다."

손양원의 설교로 모두가 한마음이 되었다. 그들의 힘이 뭉친다면 어떤 위협도 능히 이겨낼 수 있으리라 생각했다. 그러나 교회 안에도 일제와 협력하는 변절자들이 자리를 틀기 시작하며 하나님을 욕되게 하고 있었다. 노회에서는 신사참배 허용에 반발한 손양원의 목사 안수를 허락하지 않았다. 또한 그의 전도사 자격마저 박탈해버렸다. 노회의 결정에 감히 반기를 들 교회는 없었다. 그 뒤 손양원에게 더 이상 설교 요청이 들어오지 않았고, 이제 그가 갈 곳은 어디에도 없었다.

'어찌 이럴 수 있단 말인가!'

분노와 증오가 가슴속으로부터 솟구쳐올랐다. 그러나 손양원은 오히려 분노를 가라앉히고 자기 자신을 탓했다.

'행복해지기를 원하면서 의를 위하여 고통당하기를 꺼려하는 자, 땀도 흘리지 않고, 눈물을 뿌리지 않고, 피도 솟지 않으면서 많은 행복을 탐욕적으로 원하는 어리석은 자들 중에서 내가 첫째가 아닌가 반성해본다. 가난을 아내로 삼고, 고통을 선생으로 삼고, 자연을 친구로 삼는 것이 진정 행복하고 기쁜 생활이 아니더냐. 내 목에 매인 십자가, 내가 어찌하면 좋겠는가. 기쁘게 지고 나아가리라. 너는 십자가 지기를 꺼리지 마라. 내 목에 매인 십자가, 내가 어찌하면 좋겠는가.'

처음에 그 물음은 한량없는 슬픔을 통해 나왔다. 그러나 그 슬픔은 점점 확신으로 변해갔다. 뜨거운 기도 속에 십자가 지기를 결심한 손양원에게 신은 새로운 길을 열어 보였다. 신사참배로 전도 활동마저 금지당한 상황이었지만, 목회를 맡아달라는 연락이 온 것이다. 바로 여수의 애양원에서였다.

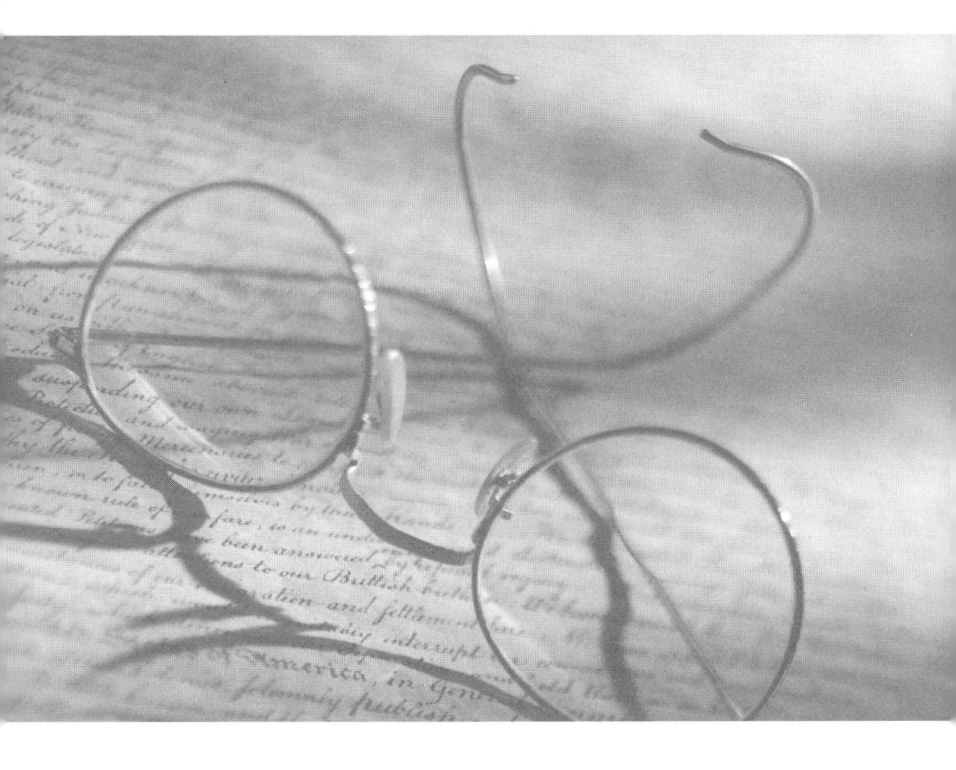

구원

단풍이 곱게 물든 창밖의 풍경, 들판은 다 익어 고개를 숙인 벼의 낱알들처럼 풍성했다. 이철환은 이 수확의 계절에 들판을 지나 바다로 가고 있었다. 잃어버린 세월의 저편에서 밀려오는 푸른 바다의 도시, 상처받은 가여운 소녀의 목소리를 따라 그곳으로 간다.

'그녀는 나에게 어떤 대답을 줄까?'

그는 다시 소녀의 도시로 향했다. 그리고 그 여정의 끝에 애양원이 있었다.

이철환은 차에서 내려 애양원을 바라보았다. 드문드문 놓인 집들이 고즈넉하다. 교회의 첨탑 너머 바다로 손을 뻗어가는 길들, 그 길들을 모으고 있는 듯 보이는 예배당, 그 곁에 애양원이 자리 잡고 있었다.

그의 상상 속 소녀의 슬픈 목소리는 이 바다를 향해, 이 바다와 맞닿은 하늘을 향해 애처롭게 퍼졌을 것이다. 그는 나무들 사이로 발걸음을 옮기며 그동안의 세월과 사연을 느끼려 했다.

애양원에는 오래 전 갖가지 사연과 한을 간직한 사람들이 모여 살았다. 세상은 그들을 '문둥이'라고 불렀다. 소녀의 아버지, 손양원은 죽는 날까지 이곳에서 그들과 함께 했다.

그는 교회 앞에 도착해 예배당을 올려다보았다. 손양원 목사가 목회를 했던 교회는 아직 예전 모습을 간직하고 있다. 그는 조심스럽게 예배당 문을 열고 안쪽으로 몸을 옮겼다. 예배당 안에는 양복을 입은 할아버지와 분홍옷을 곱게 차려입으신 할머니, 선글라스를 쓴 할아버지가 기도를 하고 있었다. 아직도 이 교회의 예배당에는 손양원 목사의 가르침이 남아 찬송과 기도 또한 그치지 않고 이어지고 있었다.

예배당을 나온 그는 교회당 뒤편에 있는 세 구의 무덤 앞으로 향했다. 지붕 사이로 굴절되지 않은 햇살이 쏟아져 내렸다. 눈이 따가웠다. 그를 환영하듯 이름 모를 새들이 재잘거리기 시작했다.

그는 삼부자의 묘에 섰다.

'손양원' '손동인' '손동신'. 아담하게 잘 가꾸어진 묘비에는 아버지 손양원과 두 아들의 이름이 나란히 새겨져 있었다. 손양원은 죽어서도 애양원에 잠들어 있다. 소녀의 가슴에 큰 상처와 원망을 남긴 소녀의 아버지 손양원 그리고 두 오빠. 그는 순간 마음이 뜨거웠다.

손양원 목사, 그는 한 시대의 구원자였다.

손양원의
사랑

05

1939년, 신록이 우거지고 매미가 우는 계절이었다. 멀리서도 우뚝 솟은 십자가가 한눈에 들어왔다. 점점 가까워지는 십자가를 마주하며, 손양원 목사는 새삼 가슴이 벅차올랐다.

'하나님, 이곳으로 저를 인도하심에 감사합니다.'

그는 애양원에 오게 된 것이 하나님이 주신 사명이며, 필연임을 믿어 의심치 않았다.

"환영합니다. 어서 오십시오."

많은 이들이 나와 기쁜 마음으로 손 목사를 환영해주었

다. 그들은 몇 해 전의 일을 아직도 잊지 않은 듯했다.

평양 신학교 2학년 때 그는 애양원에 사경회 강사로 초청된 적이 있었다.

애양원에는 많은 나환자들이 거주하고 있었다. 외부에서 온 사람이 예배를 인도할 때나 방문을 했을 때는 하얀 가운을 입고 장갑을 끼는 것이 상례였다. 병이 옮는 것을 막기 위해서였다. 그러나 손 목사는 가운 입기를 거절했다. 오히려 가운을 입은 다른 사람들에게 호통을 치며 말했다.

"호랑이를 잡으려고 호랑이 굴에 들어온 사람이 호랑이를 무서워해서야 어찌 호랑이를 잡겠습니까? 이곳에서 일을 한다는 사람들이 병을 무서워해서야 어떻게 일을 하겠습니까?"

손 목사의 그런 모습은 많은 이들을 감동하게 만들었다. 어쩌면 손 목사가 다시 애양원에 오게 된 것은 바로 그때의 인연 때문인지도 몰랐다.

애양원에 부임한 첫날부터, 손 목사는 바쁜 걸음으로 애양원 구석구석을 둘러보았다. 사실 처음 애양원이 세워진 곳은 여수가 아닌, 전라도 광주 땅이었다. 또 본래부터 나환자들을 위한 곳도 아니었다. 1909년, 목포에서 활동하던 의사 포사이트가 남평과 광주 금당산 사이에서 여자 나환자를 발견하고 광주로 데려와 치료한 것을 계기로, 그곳에 나환자들이 모여들기 시작했다. 계속해서 나환자들이 불어나자, 1925년, 여수시 율촌면 신풍리 터에 나환자 치료 병원 숙소 그리고 교회가 세워지면서 오늘날의 애양원이 탄생하게 되었다. 오랜 역사를 지닌 곳답게 정원은 잘 가꾸어져 있었고, 건물도 잘 정비되어 있었다. 그런데 손 목사의 눈살을 찌푸리게 만든 것이 있었다.

"저것은 무엇인가요?"

손 목사는 애양원 한가운데 세워져 있는 철조망을 가리키며 물었다. 그러자 곁에 있던 애양원 직원이 답했다.

"일반 구역과 환자 구역을 나누는 철조망입니다."

"왜 그렇게 나누는 거지요?"

"그야 일반 사람들이 나환자들을 만나는 것을 꺼려하니까요."

애양원은 철조망을 사이에 두고 일반 사람들이 예배를 드리는 교회동과 나환자들이 머무는 생활동으로 구분되어 있었다. 직원의 대답을 들은 손 목사의 표정은 붉게 상기되었다.

"당장 저 철조망을 철거하세요!"

"그렇지만······."

"이곳에 있는 사람들은 모두 한 식구요. 식구가 병에 걸렸다는 이유로 집 안에 담을 쌓는 것을 여러분은 본 적이 있습니까?"

손 목사는 환자 구역과 일반 구역 가운데에 설치된 철조망을 철거하도록 했다. 그리고 서로 마음대로 왕래할 수 있게 했다. 애양원 내 모든 시설은 나환자들이 앉는 자리를 구별하고 있었는데 모두 없앴다. 손 목사의 파격적인 행보는 많은 사람들에게 감동을 주었다. 그러나 여전히 그의 진의를 의심하는 사람들도 있었다.

"손 목사는 나병의 무서움을 알기나 하는 걸까?"

"자기는 정작 나환자를 만나는 걸 꺼려하고 있는 것은 아닐까?"

그러나 그런 의심들은 헛된 것이었다. 손 목사는 곧이어 나환자들이 머무는 생활동을 찾았다. 생활동에는 보통 사람들이라면 누구나 꺼리는, 살이 문드러져 몸의 형태가 괴상한 문둥병자들로 가득했다. 그들은 병마로 눈을 잃어버린 사람, 손이 꼬부라진 사람, 걸음걸이가 이상한 사람, 얼굴이 알아볼 수 없을 형태로 일그러진 사람, 게다가 감각이 없어 손과 발에 상처들이 많았는데 고름이 터진 상처 때문에 악취 또한 대단했다. 그러나 손 목사는 얼굴을 찌푸리지도, 고개를 돌리지도 않았다. 손 목사의 눈에 비친 그들은 조그마한 것에 기뻐하고 감사할 줄 아는, 그 감사를 기어코 무언가로 표현하고 싶어 하는 아름다운 영혼들일 뿐이었다. 손 목사는 그들의 손을 맞잡고 말했다.

"사람은 나환자든 아니든 하나님께서 이 세상에 보내신 목적이 있습니다. 애양원에 계시는 여러분과 저에게 하나님이 무엇을 시키실지 기대가 됩니다. 하나님께서 우리를 직접 키우시고 먹이시며 인도하신다는 사실을 우리의 일상의 모든 일들 속에서 경험하게 되실 것입니다."

그날 밤 손 목사는 벅차오르는 감격에 잠을 이루지 못했다. 손 목사는 가만히 손을 모으고 십자가 앞에서 기도했다.

"하나님, 저들은 부모 형제가 없는 고아들이 아닙니다. 이 세상 어디에서도 그들을 따스한 사랑으로 감싸주면서 인간다운 대접을 해 주는 곳이 없었기에 여기까지 찾아온 것입니다. 불쌍한 저들을 돌보아주소서. 하나님, 저는 의사가 아니므로 저들의 병을 치료해줄 수는 없습니다. 비록 그들의 육체는 말할 수 없을 정도로 일그러졌지만, 그들의 영혼에 찬송과 감사와 기도의 옷을 입혀 누구보다 아름다운 성도로 만들고자 합니다. 무엇보다 작은 일에도 마음 상하기 쉽고, 정신적으로 무너지기 쉬운 사람들에게 신앙의 능력 가운데서 자신들의 삶을 개척하도록 독려해 주시고 일으켜 세울 수 있는 힘을 주소서. 간절히 기도 드립니다."

손 목사는 그들에게 희망의 상징이 되고자 했다. 그러나 십자가 앞에서 그 길이 옳은 길인지 묻지는 않았다. 굳이 묻고 대답을 듣지 않더라도 하나님께서 그들과 함께하기를 원하신다는 확신이 있었기 때문이다.

기도를 마친 손 목사의 심장은 두근두근 떨리기 시작했다. 그것은 두려움이 아닌 설렘 때문이었다.

아버지

새벽바다의 선선한 공기가 얼굴에 와닿았다. 저 멀리서 붉은 태양이 천천히 하늘로 떠올랐다. 눈부신 햇살 때문에 눈을 뜨기 힘들었지만 그녀는 고개를 돌리지 않는다.

어느덧 소녀는 백발이 성성한 할머니가 되었지만, 그녀의 기억은 더욱 더 또렷하다.

"어떻게 잊을 수가 있겠어요? 무슨 수로. 내 생에 있어서 이 억울하고 가슴 아팠던 일들을 어떻게요."

멀리 음성 나환자가 정착하면서 만들어진 도성마을의 축사가 눈에 들어온다. 그녀는 손양원 목사 기념공원으로 들어섰다. 공원의 길 사이로 깔린 잔디밭에 잡초가 더 크게 자라고 있었다.

공원에는 '용서의 길'과 '고난의 길' '화해의 길'이 있었다. 또한 대한예수교 장로회 통합총회가 모금을 해서 손양원 목사 추모 상징탑을 건립하였다.

그녀는 아버지와 두 오빠를 상징하는 열매와 아홉 가지 감사의 계단 앞에서 한참을 서있었다. 상징탑 아홉 개의 계단은 손양원 목사가 두 아들을 잃은 뒤에 정한 아홉 가지 감사의 제목을 상징했고 세 개의 기둥은 삼부자인 손양원 목사와 두 아들의 순교가 씨앗이 되어 귀한 열매를 맺는다는 뜻이었다.

"아버지! 동인 오빠! 동신 오빠!"

순간 거짓말처럼 그녀는 어린 소녀가 된다.

지금은 많이 달라졌지만 먼 옛날 오빠와 함께 바닷가 은빛 금빛 모래밭에서 마음껏 뛰어놀던 행복하기만 했던 한 소녀.

그때 그 소녀는 앞으로 자신이 엄청나고 슬픈 일을 간직하게 되리라고는 상상도 못했다.

애양원은 그냥 소녀의 놀이터였다.

아버지인 손양원 목사는 애양원 교회에서 목회를 하며 나환자들의 친구가 되었고, 어머니는 자녀를 돌보는 주부였다. 소녀는 그녀의 가족이 아주 평범하다고 생각했다. 그때는…….

하지만 아버지인 손양원 목사는 달랐다. 분명 소녀의 아버지인데, 나환자들의 아버지인 것 같을 때가 많았다. 사람들은 자주 소녀에게 묻곤 했다. 아버지 손양원은 어떤 사람이었냐고. 그때마다 소녀는 대답했다.

"사람들은 내게서 우리 아버지는 성자와 같다는 대답을 기대하는 것 같아요. 하지만 나는 잘 모르겠어요. 아버지는 그냥 키가 작고 마른 사람, 소박하고 다정한 사람, 아이들과 어울리면 아이 같고, 나환자와 어울리면 나환자 같고, 우리들과 어울리면 그냥 친구 같은 분이셨습니다. 그래요. 아버지는요, 내 아버진 그런 분이셨어요."

손양원의
사랑

06

손 목사는 하루의 대부분을 나환자들과 함께 보내곤 했다. 그날도 애양원 병실 곳곳을 방문하며 환자들을 돌보고 그들의 이야기에 귀를 기울이는 중이었다. 그런데 손 목사가 막 한 환자의 손을 잡고 기도를 하려던 그때였다.

"꺄아아악!"

우당탕 소리가 들리더니 곧이어 날카로운 비명소리가 들려왔다. 깜짝 놀란 손 목사가 곁에 있던 사람들에게 물었다.

"이게 무슨 소리입니까?"

"14호실에서 나는 소리입니다."

"14호실이요?"

애양원에 딸린 병실은 모두 17개였다. 이중 1호실부터 13호실에는 병을 치료했거나 증상이 경미한 사람들이 머물렀다. 그리고 14호부터는 중증 환자들이 주로 머물렀다. 14호실에는 애양원 전체에서 가장 상태가 심한 중환자들이 모여 살고 있었다.

비명소리가 들린 곳은 바로 그 14호실이었다. 손 목사도 아직 가본 적이 없는 곳이었다.

"이런, 내가 여기 온 지 벌써 며칠이 지났건만, 그곳에는 가보지 못했소. 어서 그들을 만나야겠소."

손 목사는 14호실을 향해 발걸음을 재촉했다. 그러자 곁에 있던 사람들이 말리고 나섰다.

"개의치 마십시오. 늘 있는 일이니까요."

"어떻게 개의치 않을 수 있소. 난 지금 바로 그 방에 꼭 가봐야겠소."

"하지만 그 방에 있는 환자들의 상태는 목사님이 지금껏 봐왔던 환자들과는 차원이 다릅니다. 목사님이 놀라실까 두렵습니다."

"그렇다면 더욱 그 방에 가봐야겠군요."

주위의 만류에도 불구하고, 기어코 손 목사는 14호실 문 앞에 섰다. 문이 열리고 그의 눈앞에 펼쳐진 14호실의 풍경은 처참하기 그지없었다.

코와 손가락이 떨어져나간 모습은 기본이었고, 온 방바닥이 그들의 몸에서 흘러나온 진물과 핏자국, 땀들로 엉겨 붙어있어, 도저히 맨발로 들어갈 수 없을 정도였다.

"왜 우리를 차별하는 거요? 우리가 더럽다 이거요?"

"그런 게 아닙니다."

"그런 게 아니면 뭡니까?"

방 안에서는 환자들이 간호사들과 실랑이를 벌이고 있었다. 환자들을 돌보기 위해 방으로 들어간 간호사들이 바닥에 신문지를 깐 것이 화근이었다.

"이 방에 있는 환자들은 자격지심이 매우 심합니다. 자기들이 차별받고 있다고 생각하는 것이지요. 매일 있는 소란입니다. 환자 한 명을 돌보려면, 간호사 둘이 들러붙어도 두세 시간이 걸릴 정도입니다."

곁에 있던 사람이 손 목사에게 귀띔해주었다. 이야기를 전해들은 손 목사는 잠시의 망설임도 없이, 14호실 안으로 터벅터벅 들어갔다. 간호사들이 깔아놓은 신문지를 밟지도 않았다.

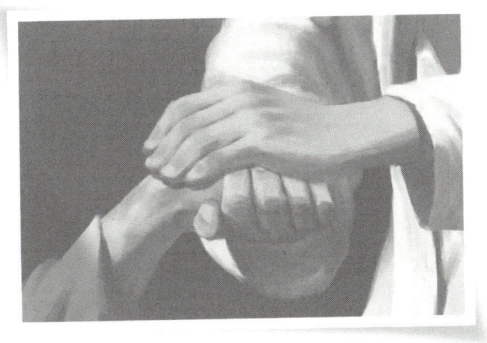

"목사님! 여긴 들어오시면 안 돼요. 약이 없어서 상처들이 온몸에 퍼져 살이 문드러졌다고요. 거기다 몸에서 진물이 줄줄 흘러나와 방바닥에 떨어져 있습니다. 어서 가세요, 목사님!"

손 목사의 모습을 보고, 잔뜩 성이 나있던 환자마저 화들짝 놀라 말했다. 그러나 손 목사는 주저하지 않고, 진물이 흘러내리는 환자의 손을 덥석 잡았다.

"용서하십시오. 제가 너무 늦게 찾아왔습니다."

"왜 이러세요? 이 진물과 핏자국 안 보이세요?"

"보입니다, 보여요. 차라리 나도 여러분처럼 병에 걸려 마음 놓고 여러분을 찾아뵐 수 있다면 좋겠습니다. 저와 손잡고 기도합시다. 이런 고통 속에도 하나님의 뜻이 분명이 있을 것입니다. 분명히."

떠들썩했던 방 안은 이내 숙연한 기운으로 감돌았다.

그날 이후에도 손 목사는 틈만 나면 14호실 중환자 병동을 찾았다. 그리고 맨손으로 방바닥을 치우고 그 곳에 앉아서 환자의 목을 껴안고 이마를 대고 기도했다. 만약 그들이 밥을 먹고 있으면, 손 목사도 같이 밥을 먹었다. 눈앞에 흐르는 고름을 보고 토악질을 할 법도 했지만, 손 목사는 음식을 잘도 먹었다.

어느 날에는 환자의 상처에서 계속 피고름이 나오는 것을 보고 말했다.

"혹시 그거 아십니까? 예부터 사람의 침이 좋은 약이 된다고 하더군요."

"목사님! 그…… 그게 무슨 말씀이세요?"

그 자리에 있던 사람들은 손 목사가 무슨 뜻으로 그런 말을 하는지 예상하지 못했다. 그런데 놀라운 일이 일어났다.

"너무 아파하시니까 제가 입으로 피고름을 빨아볼까 하구요."

"네? 그건 말도 안 돼요! 어떻게, 어떻게……."

"아프지 않게 조심스럽게 하겠습니다."

"목사님! 그러다가 우리처럼 문둥병에 걸리신다구요!"

"하하! 차라리 내가 나병에 걸리면 얼마나 좋겠습니까? 그렇게 되면 가까이 오지 말라고 뒷걸음치는 환자도 없을 것이고, 또 언제라도 여러분과 함께 웃고 떠들면서 놀 수 있지 않겠습니까?"

손 목사는 결국 환자의 상처 속 피고름을 아무렇지도 않게 입으로 빨아내었다.

세상 사람들은 나병을 호랑이보다 더 무서운 병이라 말하지만, 손 목사는 나병에 전염되는 것을 조금도 두려워하지 않았다. 친부모라도 과연 그렇게 할 수 있었을까?

댕댕댕.

애양원에 종소리가 울려퍼졌다. 종소리가 울려퍼지면 모두들 하는 일을 멈추고 기도를 했다. 이제 애양원 어디서나 기도 소리와 찬송 소리가 들려왔다. 새벽 기도와 가정예배, 철야기도까지……. 저주받은 운명이라 생각했지만 그들은 손 목사를 만난 이후로 깊은 신앙을 갖게 되면서 삶이 바뀌었다. 그들의 눈물겨운 노력은 오직 천국의 소망으로 살고자 하는 마음으로 바뀌고 있었다.

세상이 외면한 나환자들에게, 그는 그들만의 친구였고 가족이었다.

풍경

깨끗한 물. 그 물에 씻기고 싶었다. 처음 그에게 물로 세례를 준 기억이 이끄는 손, 그 손은 물의 손이다. 자기의 투명함을 부어주던 성스러운 물, 다시 태어나기 위하여 흐르는 물. 그 물의 낙차가 빚어내는 소리와 함께 그는 다시 태어났던 것만 같다. 그 물이 만든 기억은 늘 그 성스러움 속으로 이끈다. 그를 만졌던 물의 손, 그 손이 가리키는 곳. 물의 장막에 떠오르는 무늬들에 어리는 또 한 사람. 손양원 목사.

그는 책상 앞에 앉아 손양원 목사의 장례식 사진을 바라본다. 수많은 사람들이 모여있다. 무엇보다 안재선, 그의 아버지가 사진 속에서 상복 차림으로 서있다. 그는 사진 속, 아버지를 쓰다듬는다. 순간 만장 행렬의 사람들이 움직이는 것 같은 착각이 든다.

장례식에 참석했던 천 명이 넘는 나환자들이 통곡하며 상여를 따라간다. 그도 눈물이 울컥 솟아올랐다.

장례식 꽃상여와 사람들, 눈물 흘리는 나환자들을 천천히 손으로 만져보며 그는 무엇이 그토록 많은 이들로 하여금 애통하게 만들고, 그 눈물이 꽃이 되게 하는지 목이 말라왔다. 물을 마셔보지만 갈증은 해소되지 않았다.

 손 목사가 그저 다정하고 착한 사람이었기 때문에 그를 따르는 사람들이 많았다는 것만으로는 사진 속 광경이 충분히 설명되지 않는다.

 그러나 그는 안다. 한 사람의 죽음이 남긴 풍경은 고스란히 그의 삶에 대한 증언이라는 것을. 그렇다면 아버지의 운명마저 바꿔놓았던 손양원 목사의 삶에는 대체 무엇이 있었던 것일까?

 또다시 어떤 질문이 그를 사로잡는다.

 '그렇다면 나는?'

 그건 인연, 단순히 이어진 것이 아니라 자신에게 흘러오는 물길과 같은 인연이었다.

> 손양원의
> 사랑
>
> # 07

 1940년 9월 25일, 애양원으로 들어오는 길목에 막 가을이 도착해 있었다. 하늘은 맑았고, 들판은 탱글탱글 오곡백과가 빼곡하게 여물어가고 있었다.

 그러나 그날, 애양원에 엄청난 시련이 닥쳐올 거란 사실을 아는 사람은 아무도 없었다. 그때까지만 해도 다른 교회에 가해지는 박해에 비해 애양원은 어느 정도 자유가 보장되어 있었다. 신사참배 강요도 심하지 않았다. 나환자 수용소라는 특성 때문에 밖에서 일어나는 어지간한 말썽도 피할 수 있었다. 헌데 그날, 여수 경찰서 소속 일본

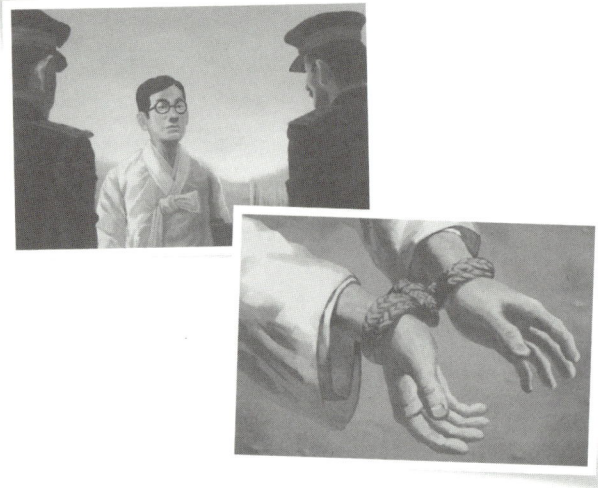

인 형사 두 명이 찾아온 것이다.

"손 목사 집에 있나?"

손 목사는 애양원 교회에서 삼일 밤 예배를 드리고 귀가하는 중이었다. 그들은 손 목사를 낚아채듯 끌고 나갔다.

"도대체 왜 나를 붙들어가는 것이오?"

"몰라서 물어? 사람들을 선동하여 대 일본제국에 반기를 든 걸 모를 줄 아나."

"난 종교인으로서 신사참배를 반대했을 뿐이오."

"그런 건 법정에서 따지시든가."

손 목사는 이내 벗어날 수 없는 덫에 걸렸음을 깨달았

다. 손 목사는 담담한 얼굴로 겁에 질린 아내와 아이들을 향해 말했다.

"걱정하지 말고 기도나 해주구려."

"여…… 여보."

"아버지."

손 목사의 가족과 그를 따르던 신도들이 눈물을 흘리며 그를 배웅했다. 그러나 손 목사가 다시 돌아오기까지는 헤아릴 수 없는 수많은 날들이 흘러야 했음을, 아무도 짐작하지 못했다.

아직 형이 확정되지 않았지만, 손 목사의 손과 발에는 쇠사슬이 채워졌다. 그리고 모진 고문이 가해졌다. 일제는 집요하고도 줄기차게 손 목사에게 신사참배를 강요했다.

"지금이라도 신사참배를 받아들인다면, 법정에서도 정상참작해줄 거야. 당장 집으로 돌아가 가족과 행복한 시간을 보낼 수 있다고."

모진 고통 속에서, 일제의 회유는 달콤한 유혹으로 다가왔다. 그러나 에덴동산의 아담이 달콤한 열매의 유혹에 빠져 어떤 결과를 초래했는지, 손 목사는 너무나 잘 알고 있었다. 게다가 이대로 굴복한다면, 손 목사를 따르던 수많은 신도들도 굴복하게 되는 것이다. 손 목사는 회유에 응하지 않았다.

"나는 죽어도 일본 왕에 고개를 숙이는 일은 하지 않을 것이오. 또한, 당신들 말대로라면, 신사참배는 종교가 아니오? 종교를 선택하지 않았다고 해서 형벌을 받는 것은 있을 수 없소."

"쳇! 아직 혼이 덜 났구먼. 이제 네놈에게 어떤 시련이 가해질지 두고 보라고. 계속 그 말이 나오는지……."

고문이 일상이 되는 나날이 계속되었다. 고통스러운 나날이 한참 지난 뒤에야 재판이 시작되었다. 판사는 손 목사의 이름을 확인한 후, 신사참배를 하지 않는 이유를 물었다.

"신사참배는 '나 이외에는 다른 신을 섬기지 말라'는 하나님의 명령을 거역하는 불순종의 죄입니다. 그러니 나는 절대로 당신들의 뜻을 따를 수 없습니다."

듣고 있던 판사는 버럭 화를 내며 말했다.

"누가 그 말을 믿을 줄 아나? 피고인은 국가(일본)에 반역하는 설교를 지속하여 사람들을 선동하였다. 이는 국가의 안전을 위협하는 중죄이다. 이에 피고인에게 실형을 선고한다."

재판은 길지 않았다. 마땅히 항변할 기회도 주어지지

않았다. 손 목사가 처음 받은 형량은 1년 6개월이었다. 그러나 그 시대, 억울한 피해를 입은 사람은 그뿐만이 아니었다. 신사참배를 거부했다는 이유로 많은 순교자들이 피를 흘리고 죽어나갔다. 문을 닫은 교회도 한 둘이 아니었다. 손 목사는 감옥에 갇힌 자신의 처지보다, 무너져가는 교회와 탄압받는 신도들의 안위가 더 걱정이었다.

형이 확정되고 감옥에 갇힌 뒤에도 손 목사에 대한 고문은 멈추지 않았다. 말할 수 없는 고통이 계속되면, 손 목사는 고통의 탄식 대신 하나님의 말씀을 내뱉었다. 그런 손 목사의 용기는 고문을 하던 사람마저 질색하게 만들었다.

"쳇! 독립운동을 하는 놈들보다 너희 같은 기독교인들이 더 악질이야. 좀처럼 신념을 굽히려 하지 않으니 그게 문제야."

크고 곧은 나무가 바람을 더 많이 맞는 법이다. 꺾이지 않는 그의 신념은 고문의 강도를 오히려 더 강하게 만들었다. 그럴수록 힘겨운 나날은 계속되었다. 가슴에 품은 성경책이 손 목사의 유일한 위안이었다. 어두컴컴하고 매캐한 냄새가 풍기는 감방 안에서도, 그는 하나님의 말씀을 새기고 또 새겼다.

"거참, 기도소리 좀 그만 들리게 하시오."

처음 손 목사의 기도소리에 같은 방을 쓰는 사람들은 몹시 괴로워했다. 그러나 손 목사는 하나님이 주신 사역을 멈추지 않았다. 기도는 계속되었고, 이따금 사식이 들어오면 자신이 가장 적게 먹을지라도 항상 방 안의 식구들과 나누어 먹었다. 하나 둘 손 목사의 기도 소리에 귀를 기울이는 사람들이 생겼다. 손 목사는 자신에게 주어진 책무를 다하고 있음에 감사했다.

이젠 하루하루가 오히려 축복이 되었다. 그러나 모진 고문의 고통보다 더 견딜 수 없는 것이 있었다. 그것은 그리움이었다.

이따금 편지 쓰는 것이 그에게 큰 위안이 되었다. 하지만 자칫 가족에게 걱정과 염려를 끼칠까 두려워 말을 아꼈다. 따라서 그의 편지에는 그리움보다는 안부와 걱정의 내용이 담겼다.

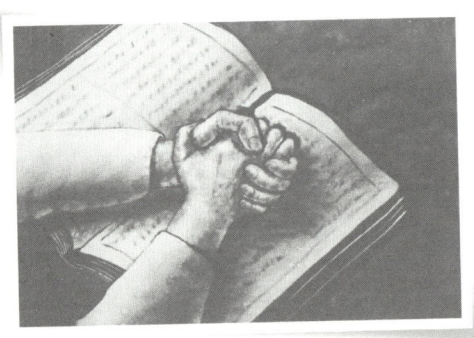

아버님!

아버님, 불효자 양원을 위하여,
조금도 염려하지 마옵소서.
한 덩어리의 주먹밥, 한 잔의 소금국,
그 진미는 그야말로 천상의 떡맛이올시다.
아버님은, 엄동설한 추위를 염려하시나
들의 백합화를 곱게 키우시고,
공중의 새를 먹이시는 우리 하나님께서
당신의 아들이요, 일하는 일꾼, 밥 아니 먹이시겠습니까.
소자는 본래 양이 적은 사람이니, 이 밥도 만족하옵고,
또 키가 적은 사람이오니,
이 적은 이불이 내 발등을 덮었으니,
이만하면 만족이외다.
밤이 지나면 낮이 오고,
추운 겨울이 지나면 따뜻한 봄이 오는 것이오니
광명한 낮을 맞이하기 위하여,
어두운 밤을 겪지 않을 수 없고,
'양촌가지'를 위하여,
엄동설한의 고생을 참고 견디지 않을 수 없겠지요.

고난은 참으로 복입니다. 꿀같이 달게 받으사이다.
참고 견디기만 하면, 이보다 더 큰 복은 없는 법입니다.
불평이 많은 자는, 천하를 다 얻어도,
오히려 불평할 것이고,
자족을 느끼는 자는, 한 줌의 밥과 한 잔의 물에도,
자족의 기쁨이 있으니
그러므로 모든 염려를 주께 맡기고,
범사에 기뻐하며 항상 즐거워하사이다.
근심은 만병의 근원이며, 즐거움은 백병의 양약이외다.
구름이 올라가면 비를 이루고,
이슬이 맺히면 서리가 되는 것처럼,
육신의 생각은 근심을 이루고, 근심이 맺히면 병이 되나니,
인생은 이것을 깨닫지 못하더이다.

사랑하는 동인에게,

동인아, 아버지를 생각하며, 눈물로써 쓴 너의 편지,
(나) 또한 감격의 눈물로써 애독하였다.
아버지를 대신하여, 위로 할아버님, 어머님,

아래로 동생들을 거느리고,
가정의 중한 책임에, 연약한 어깨는 얼마나 무거우냐?
나의 간절한 부탁은, 할아버지를 잘 위로하여,
아버지가 못한 일을, 너는 잘할 줄 안다.
먹고 입는 것이 귀해졌다 하여, 마음까지 잃지 않아야 하고,
음식을 잘 먹는 것보다, 마음을 잘 먹는 것이 더 낫고,
의복으로 몸을 단장하는 것보다, 선행을 옷 입듯 할지니라.
돈에 설움 당하고, 먹을 것이 없다 하여,
돈과 밥을 더 가까이 할 것이 아니라,
더욱더 청렴을 따르는 것이,
도인의 태도니라.
평상시에는 누가 기뻐 안 하겠나?
고난 중에 기뻐함이 신앙생활이다.
고난을 피하려고 하지 말고, 도리어 감수하고 극복하라.
피하려고 애쓰는 자는 근심이 더해지고,
감수하는 자는, 진리 발견의 기쁨이 충만해지나니
고난을 감수하니 심중이 낙원이고,
만사를 극복하니 용사보다 더 강하구나.
지식에 대하여는, 비록 학교에 안 다녀도
얼마든지 배울 수 있느니라.

세계 대부흥사 무디 선생도 '양화' 공장 직공이었고,
웅덩이에 내다버린 요셉이
애굽의 총리대신이 될 줄이야 누가 알았으며,
나일 강물 갈대밭에 내다버린 모세가
이스라엘의 구주가 될 줄이야 누가 알았겠느냐.
통 공장에 다니는 우리 동인이 동신이의 장래도 어떻게 될지
그 누가 알겠느냐? 그러므로 항상 근신하고 노력하여,
학식과 덕행에 힘쓰도록 하여라.
또한 죄를 범하지 말라. 사람이 죄를 범하면 죄의 종이 되어,
일생을 고통으로 살게 되느니라.
나는 무엇보다 너희들이 행여나 죄를 범할까봐,
늘 가슴에 염려된다.
행여나 마귀의 세력에 유혹될까,
아버지는 늘 생각하지 않을 수 없구나.
나는 지금 이와 같이 수금 중에 있어도
어릴 적부터 주의하지 않았던 습관과 죄악과 싸우고 있다.
행여나 내 죄가 너희들에게까지 미칠까,
주님께 간절히 빈다.
죄는 곧 사망이니라.
싸우지 않으면 승리가 없고,

이기지 못한 자는 면류관도 없나니,
힘쓰는 자는, 주께서 도와 승리하게 하신다.

  손 목사에게는 가족 말고도, 그리운 얼굴들이 또 있었다. 남들은 흉하다 말하지만, 언제나 해맑게 웃으며 손 목사에게 살아가는 이유가 되어주었던 그 얼굴들. 손 목사는 자신과 뜻을 함께하는 애양원 신도들에게도 편지를 보내 그들을 위로했다.

신도들이여, 얼마나 고생이 많으십니까?
밤이 지나가면 낮이 오기 마련이오, 겨울이 지나면 따뜻한 봄이 찾아오는 것을 말해 무엇하겠소.
광명의 날을 맞이하기 위하여 어두운 밤을 겪을 수밖에 없으니,

고생을 참고 견뎌야 하지 않겠소.
어떤 고난이라도 다 겸허하게 받아들이고 이겨냅시다.

손 목사가 받은 형량은 1년 6개월이었지만 구속기간까지 더해져서 그가 집을 떠난 지 3년 여의 세월이 흘렀다.
'이제 다시 보고 싶은 얼굴을 볼 수 있겠구나.'
1943년 5월 17일, 고대하던 출소일이 다가오고 있었다. 이제 며칠만 지나면 지긋지긋한 감방에서 나와 애양원으로 돌아갈 수 있었다. 좀처럼 표정을 드러내지 않는 손 목사의 얼굴에도 저절로 미소가 지어졌다.
"목사님, 집에 돌아가시게 되어 좋으신가 봐요. 목사님이 웃으시니까 여기가 다 밝아지는 것 같습니다."
같은 방을 쓰는 수인 중 한 사람이 말하자, 손 목사는 얼른 표정을 고쳤다.
"미안하오. 내가 실수했소."
"아닙니다. 전 오히려 그런 모습이 좋아 보입니다. 목사님도 사람이 아닙니까? 기쁘면 웃고 슬프면 울어야지요."
"고맙소. 이해해줘서. 허허."
손 목사는 멋쩍은 웃음을 짓고는, 같은 방 사람들의 손을 하나하나 마주잡았다. 그리고 그들을 위한 기도를 시작했다. 그런데 그때였다. 별안간 감방 문이 열리면서 간수가 손 목사를 불러냈다. 그들은 복도를 지나 작은 방으로 들어갔다. 그곳에는 제법 직급이 높아 보이는 간수가 앉아있었다.

"손 목사, 고생 많았소. 이제 집을 떠난 지도 3년이 지났는데, 그동안 얼마나 처자식이 보고 싶었겠소? 아무튼 지난 3년이란 시간 동안 많이 반성했으리라 믿소. 그러니 이제는 신사참배를 할 수 있겠지요? 공연히 감옥에서 헛수고만 했소!"

간수는 득의양양한 표정으로 말했다. 그 말에 손 목사는 정색을 하고 대답했다.

"헛수고는 오히려 당신들이 했소. 신사참배를 했다면 아예 처음부터 했지, 왜 어리석게 3년이나 고생하고 이제와 신사참배를 하겠소? 내 신앙은 옛날이나 지금이나 변함이 없소. 돌이킬 마음일랑 전혀 없소이다."

"뭐라? 지금 말 다했소?"

"아직 다 못했소. 과거 세계의 역사를 보아도 우상숭배를 한 나라는 죄다 망했소. 그러니 일본도 그렇게 될 날이 머지 않을 것 같소이다!"

손 목사는 자기 목에 칼이 겨누어져도, 바른 말을 할 줄 아는 사람이었다. 그 말에, 약이 오를 대로 오른 간수는 주먹으로 탁자를 치며 벌떡 일어났다.

"이봐, 착각하지 마. 계속해서 신사참배를 거부한다면, 당신은 절대 이 감옥에서 나갈 수 없을 거야. 알아들어?"

"그래도 어쩔 수 없소. 그 어떤 협박에도 난 굴복하지 않을 거요. 나는 집에 가도 예수와 함께 살 것이요, 구금소에 가도 예수와 함께 살 것이오. 어차피 예수와 함께 살 인생인데 장소가 어디인들 무슨 상관이 있습니까?"

손 목사에게 있어 하나님은 전부였고, 하나님의 뜻은 그 삶의 목표였다.

"난 주의 뜻이 아니면 천만금이 생겨도 거절할 겁니다. 주의 뜻이면 물불을 헤아리지 말아야 합니다. 오, 주여! 나의 뜻, 나의 계획, 나의 생각은 다 깨치시고 당신의 뜻, 계획, 생각만 성취되게 하소서. 내 것, 인간의 것, 땅의 것 모두 바벨탑같이 여기게 하소서."

손 목사는 자신의 삶을 한 마디로 '여주 동거', 즉 주님과 함께 동행하는 삶이라고 표현했다. 주님과 함께 동행하면서도 하나님께만 절대 순종, 죽고 또 죽어도 하나님 중심으로만 살 것이라고 말했다.

손 목사는 끝내 신사참배의 유혹과 타협의 손길을 뿌리

치고 거부했다. 얼마 후, 신사참배 문제를 놓고, 다시 재판이 열렸다. 일본 재판부는 손 목사가 출소하면 다시 신사참배 반대운동에 힘쓸 것이 분명하다고 판단했다.

"피고 손양원을 무기징역에 처한다."

조금만 참으면 그리웠던 가족과 애양원 식구들을 만날 수 있을 거란 기대는 산산이 부서지고 말았다. 손 목사는 광주 형무소에서 경성 구금소, 청주 구금소로 옮겨다니면서 광복이 될 때까지 옥고를 치러야 했다. 그러나 손 목사는 실망하지 않았다. 보고 싶은 얼굴을 뒤로하고, 다시 자신에게 주어진 책무를 다하였다. 옥중에서도 기도, 찬송, 성경 읽기를 게을리하지 않았고, 몸소 사랑을 실천하며 '옥중 성자'로 그 이름을 더욱 높였다. 그는 심지어 간수들까지도 전도하여 많은 사람들을 주 앞으로 인도하였다. 비록 몸은 갇혀있지만 죄인으로서 문초를 받는다는 생각보다는 마음이 열리지 않은 불신자를 전도하는 심정으로 심문에 임했다.

손 목사는 언제 어느 곳에서나 하나님이 어떤 분이신가를 설명하였다. 하나님만이 전부이고 그분께 충성을 다해야 함을 말하는 것이 손 목사의 삶이었다.

추억

예수는 늘 길 위에 있었다. 결코 안락 속에 머물지 않는 존재로 손양원 목사 역시 예수님을 꼭 닮았다.

여수가 아름다운 것은 365개의 섬과 2,300리 바닷가, 나비 모양의 여수반도를 품고 있기 때문일 것이다.

소설가 이철환은 여수의 언덕길을 걸어가고 있다. 멀리 십자가가 보인다. 그는 소년시절 애양원에 와 백발이 되어버린 한 노인에게 다가갔다.

"할아버지는 언제 애양원에 오셨어요?"

"나요? 내 이름은 이동훈인데, 1945년 4월 16일에 애양원에 왔지요. 그날부터 지금까지 애양원은 내 집이라오."

저녁 햇살이 넓게 퍼지는 벤치에서 이동훈 할아버지는 손양원 목사와의 추억을 기억해냈다.

"우리 손 목사님이 성산초등학교 교장으로 계시면서 학생들을 데리고 저 개미실 상곡으로 소풍을 갔다 오면서 아이들과 같이 부르는 노래가 있었어요."

"한 곡조 불러주실 수 있으세요?"

"그럼요. 할 수 있죠."

아마득한 밤바다에 해 떨어지니

조개 줍던 아이들은 집 찾아가는데……

십 년 전 고향 떠난 어린 이 몸은

언제나 고향집을 찾아갈까요.

그리워 그리워 고향집이 그리워

하늘 향해 불러도 그리움 잦아들까요.

성산초등학교는 나병에 감염되지 않은 아이들이 다니는 학교였다. 부모나 형제가 감염된 아이들은 갈 곳이 없어 그곳에서 함께 생활하고 있었다.

저 멀리 종탑이 보였다. 애양원 동산에는 지금도 손양원 목사가 나환자들을 위해 울리던 종탑이 남아있었다. 그때 정종진 목사가 다가오며 말했다.

"당시 손양원 목사님이 12시에 종을 치면 밭에서 일하시던 모든 분들이 일손을 멈추고 3분 정도 나라를 위해서 그리고 가족을 위해서 기도했습니다. 오늘날과는 다른 느낌이었겠지만. 그때는 사회적으로도 격리수용 되어야 했고, 또 가족으로부터 떨어져 있어야 했고, 이해는 하지만 마음의 상처들이 많이 있었을 것 같아요. 이 종소리는 어떻게 보면 치유를 위한 종소리였던 것 같아요. 기도를 하라고 했던 것도 스스로 치유할 수 있는 기회를 주신 것 같다는 생각이 많이 듭니다."

가장 낮은 곳으로, 가장 어두운 곳을 향해 울렸던 손양원 목사의 종소리.

종소리는 경계를 넘는다. 종소리는 닫힌 빗장 너머로도 스며든다. 애양원에서 손양원 목사가 보여준 삶은 그런 종소리였다.

벽을 허물고, 차별을 녹이며, 마음과 마음을 흐르게 하는 아름다운 종소리.

손양원의
사랑

08

아침, 선명한 햇살이 창가로 스며들었다. 창문을 활짝 열었다. 맑은 공기, 애양원의 나무들, 푸른 하늘……. 그러나 그 어떤 것들도 크고 깊은 빈자리를 채울 수는 없었다. 소녀는 아버지가 너무도 그리웠다. 애양원 식구들과 소녀의 형제자매들은 답답한 마음으로 매일 손 목사가 무사히 돌아오기만을 기도할 따름이었다. 그러나 아버지의 소식은 여전히 들을 수가 없었다. 졸지에 가장을 잃어버린 가족의 생활은 말이 아니었다

하루의 무게가 일 년처럼 길게만 느껴지는 나날이었다.

잡혀가면 온갖 고초를 다 겪는다는 경찰서에서 고문은 안 받고 계시는지, 몸은 건강하신지, 앞으로 얼마나 더 지나야 나오실 수 있는 건지, 소녀는 궁금한 게 한두 가지가 아니었다. 소녀는 매일 마루 끝에 엉덩이를 붙이고 앉아 열린 대문을 통해 아버지가 돌아와 주기를 바라고 또 기도했다.

사방에서 개구리 소리며 귀뚜라미 우는 소리가 들려왔다. 등을 대고 누우니, 구멍 난 천장을 통해 밤하늘이 올려다보였다. 별 하나, 별 둘, 어느새 별을 새는 것이 소녀의 일상이 되어버렸다.

소녀는 별을 모으고 이어 아버지의 얼굴을 그려보았다. 그런데 그때, 유성 하나가 떨어지는 것이 보였다. 소녀는 얼른 자세를 바로잡고 앉아, 떨어지는 유성을 바라보며 두 손을 모았다.

"아버지가 보고 싶어요. 아버지가 감옥에서 나오게 해주세요."

애양원은 이미 과거의 기도소리가 아름답던 평화로운 곳이 아니었다. 손 목사가 투옥되자, 일제는 소녀의 가족과 선교사들을 쫓아내고, 곧바로 일본인 원장인 안또라는 포악한 사람을 파견했다.

"너희들이 이곳에서 편히 먹고 잘 수 있는 것은 모두 천황폐하의 덕분임을 잊어서는 안 된다. 고로 신민으로서 마땅히 신사참배를 해야 할 것이다."

새로 온 원장은 제 손으로 십자가를 내리고 신사참배를 강요했다. 그러나 새로운 우상을 섬기는 것은 하나님을 버리는 것과 다를 바가 없었다. 사람들은 하나 둘 껍데기에 불과한 애양원을 떠나기 시작했다. 소녀의 가족 역시 어디로든 떠나야 했다.

소녀의 가족은 애양원을 떠나 광주로 갔다. 광주형무소에 수감되어 있는 아버지를 한 달에 한 번씩 면회할 수 있었기에 이주를 결심했다. 그러나 그 한 번의 면회조차 소녀의 가족에게는 사치였다. 그토록 보고 싶은 아버지였지만 그 하루의 경비를 감당하기에 집안 형편은 너무 어려웠다. 오빠들은 부산에서 하숙을 하며 공장에 다녔다. 한 달 일하고 급료를 받으면 하숙비를 제외한 나머지는 모두 집으로 송금했다. 그러나 그 돈 역시 입에 풀칠하기도 어려운 액수였다.

그런 어느 날, 소녀의 가정형편을 눈치 챈 박 집사가 찾아와 어머니와 이야기를 나누고 계셨다. 그리고 조심스럽게 권했다.

"생활이 어려운데 부산으로 가시면 어떨까요? 그럼 하숙비라도 절약할 수 있을 것 같은데."

소녀의 가족은 이런저런 생각을 할 겨를도 없이 박 집사의 권유를 따르기로 했다. 그래서 부산 범냇골 변두리 산동네 허름한 판잣집으로 이사했다.

새로 이사한 집은 방에 누우면 밤하늘의 달과 별이 보였다.

"별이다!"

어릴 때 마당에 누워서 바라보던 그 별, 애양원에서 가족과 함께 누워서 보던 그 아름다운 별이, 그때처럼 지금도 여전히 빛나고 있었다. 그러나 그런 생각도 잠깐, 한여름밤에 빈대가 어찌나 물어대던지 잠을 설치기 일쑤였다. 비라도 오는 날이면 두 오빠는 번갈아 빗물을 받아내야 했다. 어머니는 부산 다대포에 나가 미역 등 해초류를 뜯어서 그것을 머리에 이고 행상을 했다. 봄이면 쑥이며 냉이를 뜯어 시장에 내다팔았다.

또 소녀는 학교도 다니지 못한 채, 동네 아래 꼽추샘에서 물을 길어 나르는 일을 맡았다.

"물동이! 물동이!"

"그렇게 부르지 말라고 했지? 난 손동희야."

매일 물을 길어 나르는 소녀를 아이들은 '물동이'라고 불렀고, 그런 아이들을 향해 소녀는 소리를 질렀다.

"난 손동희라고. 손! 동! 희!"

가난하고 힘든 형편이었지만 서로를 위하고 옥중에 계신 아버지를 염려하는 가족의 마음은 변함이 없었다. 빈곤과 고통 속에서도 믿음은 더욱 강해졌고, 사랑 또한 더욱 깊어갔다.

소녀의 가족은 주일이면 하루 종일 금식을 했다. 어린 막내까지도 예외는 없었다. 그리고 어머니의 친구분들과 뜻이 맞는 몇 명의 성도가 좁은 방에 모여 예배를 드렸다. 기독교 신앙은 고난을 통해서 더욱 단련된다는 아버지의 말씀을 마음 깊이 새기며 그가 안 계신 동안에도 신앙생활을 게을리하지 않았다.

두 오빠는 통 공장에 다니면서 공장의 직공들을 전도했다. 처음에는 거들떠보지 않던 직공들이 형제의 열의에 감동해서 하나둘씩 하나님 품에 안기기 시작했다.

겨울이 깊어가면서 날씨도 제법 추웠다. 크리스마스가 되자 길거리에는 캐럴과 함께 흰 눈이 밤새 펑펑 내리고 있었다.

기쁜 성탄절은 가난과 고통으로 힘들어하는 소녀의 가

정에도 찾아왔다. 어딘들 성탄의 기쁨이 미치지 않는 곳이 있으랴.

소녀의 가족은 성탄 축하 예배를 드리기 위해 어머니와 손을 잡고 형제가 있는 통 공장으로 향했다. 공장 안에서는 두 오빠가 찬송가 연습을 하고 있었다. 20여 명쯤 되는 공장 직원들에게 들려주기 위해서였다.

어릴 적부터 음악을 좋아했던 형제는 노래도 잘 불렀다. 그들의 노래하는 입에서 하얀 김이 모락모락 춤을 추듯 뿜어져 나왔다. 가슴속 가득 차오르는 기쁨만으로도 그 정도 추위쯤은 이겨낼 수 있었다. 형제는 나무토막을 두드려 박자를 맞춰가며 신나게 화음을 맞춰나갔다. 비록 남루한 작업복 차림이었지만 그들의 얼굴은 반짝반짝 빛이 났고, 목소리는 천상을 울리는 듯했다. 음악을 통해 소녀의 마음에 기쁨과 희망의 씨앗이 자라는 것 같았다. 아기 예수님을 기쁘게 맞이하고 즐거운 성탄절을 보내면서도 소녀는 아버지를 생각했다. 자유를 박탈당하신 아버지, 추위와 싸우며 쓸쓸히 성탄절을 맞이하실 아버지, 이렇게 즐거운 날에 함께할 사람 없이 홀로 찬양드리고 계실 아버지.

소녀는 눈물을 흘렸다.

이별

삶이란 묘한 것이다. 설령 그것이 불행처럼 보인다 해도 주어진 고난 앞에서 우리가 할 수 있는 건, 최선을 다해 앞으로 걷는 일뿐이다.

안경선 목사가 최순임 할머니의 소천 소식을 듣게 된 것은 애양원에 막 도착했을 때였다.

사람들의 얼굴에는 저마다 눈물이 모아져 조용히 흐르고 있었다.

이제 애양원에 사랑의 손길을 건네던 그리운 손양원 목사는 없다.

그가 사랑했던 나환자들도 하나 둘 세상을 떠나고 있다. 그러나 그게 끝은 아니다. 죽음이 떠나는 사람의 몫이라면 슬픔은 온전히 남은 자들의 몫이 되고 있었다.

그 슬픔을 딛고 다시 사랑하는 일 또한 산 자들의 몫이리라.

안경선 목사는 침상으로 다가가 조심스레 이불을 걷고 기도를 올렸다

"부디 지상에서 받았던 상처의 기억들일랑 모두 내려놓으시기 바랍니다. 그리고 편안해지시기 바랍니다."

그는 이 말만 되풀이하며 기도했다.

할머니들은 천천히 차분한 목소리로 말했다.

"남남이라도 4층에 살 때 가까이 친하게 살았어요. 돌아가신 저분의 성함은 최순임, 순임이고. 고향은 경남 고성이라오."

김우수 할머니가 이야기했다.

"믿음 생활은 잘했죠. 잘하셨어요. 매일같이 새벽 2시에 나가서 기도드리고 그렇게 살다가 저 하나님이 예비하시는 아름다운 천국에 가서 고통 없이 편히 쉬기만을 모두가 바라지요."

90세인 박봉덕 할머니가 거들었다.

"아, 네……."

안경선 목사는 짧게 대답했다.

다음날, 발인예배가 시작되었다. 그곳에는 보내는 사람들의 눈물이 있었고, 뜨거운 찬송가도 있었다. 남은 이들의 진정한 마음이, 눈 감은 이에게 평화를 줄 수 있는 시간이었다.

손양원 목사가 사랑했던 애양원은 그런 곳이었다. 비록

낮은 자리에서 고통을 겪었던 삶이라 해도 형제들이 서로 사랑하며 함께 사는 곳이었다. 영정 속에서 최순임 할머니는 웃고 있었다.

손양원의
사랑

09

 소녀의 가족은 뿔뿔이 흩어져 열심히 일을 했지만 기울어진 가정 형편은 쉽사리 좋아지지 않았다. 할아버지를 비롯해서 일곱 식구는 동인 동신 두 형제가 공장에서 벌어오는 돈으로 겨우 생활을 이어갔다.

 그런 어느 날, 부산 범냇골의 산동네로 반가운 손님이 찾아왔다.

 "수남이 고모! 황순덕 고모! 이게 얼마 만이에요? 그런데 여길 어떻게 알고 오셨어요? 그리고 이 물건들은 다 뭐예요?"

그들은 애양원을 떠났던 나환자로 소녀가 고모라고 불렀던 분들이었다. 어머니가 반갑게 맞이하며 말을 건넸다.

"그동안 어떻게들 지내셨어요?"

"애양원을 나와 갈 곳이 마땅히 있어야지요. 우리가 고향으로 돌아간다 한들 반겨줄 리도 없고. 해서 진주 남강 다리 밑에서 나환자들 수십 명이 함께 모여 구걸을 하며 살고 있었지요."

"그나저나 어서 들어오세요."

어머니와 황순덕 고모, 김수남 고모의 이야기는 계속되고 있었다. 그들은 애양원을 나와 남강 다리 밑으로 무작정 찾아 들어갔다는 것이다. 나환자들이 모여살던 그곳 거지들의 세계는 폐쇄적이고 배타적이었다. 누구도 함부로 그들의 영역을 침범할 수 없었다.

"그런데 고모님들은 어떻게 들어가셨어요?"

소녀는 그것이 너무도 궁금해 어른들의 이야기 속에 끼어들었다.

"왕초를 만났지. 그랬더니 왕초가 그러더라고. 그 좋은 애양원을 버리고 어찌하여 이곳에 온 거냐고 말이야. 그래서 그동안 있었던 이야기를 털어놓았지. 손 목사님이 신사참배에 반대하여 옥고를 치르게 된 이야기며, 일본인 원장이 오면서 더 이상 예전의 애양원이 아니라는 이야기 그리고 애양원에서 쫓겨난 목사님의 가족이 산골 마을로 쫓겨나 힘겨운 삶을 살고 있다는 것까지 말이야."

"그래서, 왕초가 뭐라고 하던가?"

"이야기를 모두 들은 거지 왕초는 정중하게 인사를 하면서 잘 왔다고 우리를 환영해 줬어. 그런데 기적 같은 일이 또 일어난 거야. 왕초는 구걸을 나가는 걸인들을 모아 놓고 이렇게 말했지.

'모두들 애양원 소식 들었지? 이제는 우리 나환자들이 그분 가족과 그분을 도울 차례다. 알았냐?'라고 말이야."

"그럼 이 쌀과 음식이?"

"그래, 걸인들이 구걸해서 모은 쌀과 음식이란다. 하루라도 빨리 가지고 오려고 모은 음식을 이고 들고 찾아온 거지. 이제 끼니 걱정은 안 해도 된다. 우리가 계속 쌀과 음식을 날라다줄 거니까."

"맙소사."

소녀는 너무나 놀라워 소리를 질렀다.

"이렇게 고마울 수가……. 정말 고맙습니다."

걸인들이 모아준 음식을 받아들고, 소녀의 어머니는 뜨거운 눈물을 흘렸다. 그것은 미안함과 고마움에서 나오는 눈물이었다.

그 뒤로도 고모님들은 일본 경찰의 눈을 피해 걸인들이 구걸한 음식을 모아다 소녀의 집에 가져다주었다. 그럴 때마다 소녀의 어머니는 거절했지만, 소용없는 일이었다.

"이것은 우리가 하는 일이 아닙니다. 하나님의 뜻에 따라 하는 거예요. 아무 부담 없이 받아주세요. 그리고 기쁜 소식이 또 있습니다."

"고모! 기쁜 소식이라니요?"

"왕초의 마음이 움직이는 것 같아요. 우리와 함께 사는 거지들도 하나님의 이야기에 이제는 귀를 기울이는 것 같

아요."

"할렐루야!"

고모들이 가져온 곡식들은 거지들이 모아준 것만이 아니었다. 애양원에 남아있던 믿음의 식구들이 자신들 역시 배급으로 겨우 연명하는 처지임에도 한 줌 두 줌 걷어 모아 보태준 것이었다. 그렇게 아버지가 베푼 사랑으로 소녀의 가족은 하루하루를 버티어내고 있었다.

반가운 고모들이 집에 찾아오는 날이면 소녀와 오빠들은 몹시 기뻤다. 매일 콩깨묵으로 끼니를 때우다가 모처럼 흰 쌀밥을 먹을 수 있었기 때문이다. 거기다 오랫동안 소식을 들을 수 없었던 애양원 식구들의 근황을 들을 수 있어 그 또한 기쁜 일이었다. 고모들과 어머니를 비롯한 가족은 졸린 줄도 모르고 밤이 새도록 이야기를 나누곤 했다.

고모들은 손 목사님 이야기를 할 때면 어김없이 눈물을 흘렸다.

"정말 손 목사님 같은 분은 이 세상에 없습니다. 일반 사회에서는 우리 같은 병을 아주 호랑이같이 무서워하잖아요. 그래서 식구들조차도 가까이하지 않는데……. 실상은 전염이 그렇게 안 되는 병인데 무조건 전염되는 병, 광견병같이 생각하고 그렇게 무서워하는데, 손 목사님은 이런 나환자들을 무서워하지 않고 한 가족처럼 여기고 사랑해주셨죠. 또 우리 방에 오시면 언제나 함께 식사도 해주시고……."

김수남 고모는 손 목사가 그리운 듯, 한참이나 천장을 바라보다 다시 이야기를 이어갔다.

"뭐 반찬이나 제대로 있었습니까? 그냥 저 밭에 가서 시금치 좀 뜯어다가 씻어서 된장이랑 고추 좀 넣고, 거기다가 사탕가루도 조금 넣었지요. 시금치는 이렇게 무쳐서 드리면 너희 반찬은 참 맛있다, 맛있다 그러시면서 맛있게 잡수셨는데."

밤이 깊도록 대화는 계속되었다.

"기억나죠? 왜 그 곽옥선인가 박옥선인가 하는 형제 말이에요. 다리에 난 상처가 잘 안 나으니까 기어코 그것을 목사님이 낫게 한다고 직접 입으로 피고름을 빨아주셨지요. 그런데 그 형제는 소록도에서 세상 떴다고 하대요."

"고모! 정말 우리 아버지가 입으로 빨아내셨어요?"

"그럼. 옛말에 그런 환자 상처는 입으로 빨면 낫는다고 하니까 목사님이 그걸 다 빨아주셨다니까."

그날 밤, 소녀 아버지의 이야기는 끝도 없이 이어졌고, 어느새 동창이 훤히 밝아오고 있었다. 피를 나눈 가족은 아니었지만 아버지의 신앙으로 맺어진 누이였기에 소녀는 그들이 친고모처럼 느껴졌다.

소녀의 산동네 생활은 어려웠지만 온 가족이 함께 잘 버티고 있었다. 그런 중에도 한 달에 한 번씩 받아보는 아버지의 편지는 소녀의 가족에게 커다란 기쁨이자 위로가 되었다. 옥중의 아버지는 수많은 편지를 써서 소녀의 가족과 애양원의 나환자들을 위로했다. 그것은 신뢰와 사랑의 연대였다. 어떤 때는 할아버지에게, 어떤 때는 어머니와 오빠에게, 어떤 때는 소녀에게 보내온 편지를 온 식구가 돌려 읽으며 더욱 강건해지는 아버지의 신앙심을 확인

할 수 있었다.

아버지의 편지가 올 때쯤이면 할아버지는 예감으로 미리 아시고 돌담 밑에 웅크리고 앉아 우체부가 오기만을 기다리셨다. 우체부가 편지를 건네주면 할아버지는 손에 편지를 쥐고 빠르게 집 안으로 돌아오셨다. 편지를 개봉하시는 할아버지의 손은 언제나 떨렸다. 그리고 입에서는 "우리 양원아! 우리 양원아!" 하는 소리가 끊임없이 흘러나왔다. 편지를 다 읽으신 할아버지는 두 다리를 쭉 뻗은 채로 "아이고 양원아! 양원아!"하며 통곡을 터트리기도 하고 기쁨의 찬송을 부르기도 했다.

그날 밤, 소녀의 큰오빠는 방바닥에 엎드려 정성스럽게 편지를 쓰고 있었다.

아버님 보십시오.
고아원 아이들 12명과 박 집사님 내외, 나무통 공장의 동무 직공들, 소자 등 20명이 재미롭게 아침이면 식전예배와 저녁이면 밤기도 예배회로 모입니다. 소자는 전기톱 일을 하면서 예수님이 어릴 때 목수생활을 하신 것을 기억해냅니다. 주님이 하신 일을 저도 해보게 되니 이도 감사하옵고 한편 위로를 받습니다.

서로를 의지하며 소녀의 가족은 힘든 시간을 견뎌냈다. 하지만 그런 생활마저도 오래가지 못했다. 오빠 동인에게 징집영장이 나온 것이다.

할아버지와 어머니 그리고 가족은 어찌하면 좋을지 몰라 당황했다.

"우리 모두 하나님께 맡기기로 하고 그분의 뜻에 따르기로 하자."

할아버지와 어머니는 금식 기도에 들어갔다. 소녀의 작은오빠 동신도 동참했다.

"어머니! 징병에 끌려가면 언제 돌아올지 알 수 없습니다. 또 살아 돌아온다는 보장도 할 수 없구요."

"할아버지 생각도 네가 일본군이 되는 것만은 막아야 한다고 하셨단다. 네 생각은 어떠냐?"

"……."

"말해봐라. 이 어미에게 못할 말이 어디 있느냐?"

불안과 긴장의 시간은 마냥 흘러갔다.

"알았다. 우리 가족이 뿔뿔이 흩어져야겠지? 그들이 찾을 수 없게 말이다."

"네. 그럼 할아버지는 어디로 가시죠?"

"내 걱정은 말아라. 난 너희들의 둘째 삼촌이 있는 만주로 가있을 테니, 넌 산중으로 들어가 있거라. 어떻게든 일본인들의 눈에 띄는 일은 없어야 한다."

"그럼 어머니와 동생들은요?"

"이 어미 걱정은 말거라. 난 삯바느질과 청소로 생계를 유지하고 있으마."

언제까지가 될는지 아무도 기약할 수 없는 이별이었다. 소녀와 동생들은 결국 고아원으로 가게 되었고, 소녀의 오빠들은 나환자들이 화전을 만들어서 살고 있는 산중으로 들어갔다.

어린 소녀는 부모님을 원망하기 시작했다. 이런 상황을 도무지 이해할 수 없었다. 아니, 이해하기 싫었다.

'왜 우리 부모들은 별난 예수를 믿어 나를 고아로 만들고 서로 뿔뿔이 흩어져 살아야 하는 걸까? 정말 하나님이 계시다면 이러실 순 없어. 어떻게 우리에게, 어떻게……'

소녀는 울고 또 울었다.

고아원 생활은 무척이나 힘들었다. 어머니와 오빠들을 볼 수 없는 것이 무엇보다 견디기 어려웠다. 오들오들 떨며 자야 하는 것은 어떻게든 감수한다지만, 어둑어둑 날이 저물 때면 가족이 보고 싶어 미칠 것 같았다.

지옥

막막한 어둠 속에 서있는 듯, 백발이 성성한 노인이 된 소녀는 눈을 감고 과거를 회상했다. 그녀의 심장이 튀어나올 듯 마구 요동을 쳤다. 고통스러운 기억이 떠오르는지 미간이 좁혀졌다. 좀처럼 떨어지지 않는 입술을 몇 모금의 물로 축이고 그녀는 입을 열었다.

"노년이 된 나는 죽어서라도 잊고 싶은 그 일을 기억해야 합니다. 회고록을 이어가야 하는 이 순간에도 할 수만 있다면, 살을 도려내서 바꿀 수만 있다면, 기억에서 그날을 잘라내고 싶습니다. 이제는 지우고 싶어도 지울 수 없는, 눈 감으면 떠오르는 그날을 더듬어야 할 차례가 되었습니다. 내 떨리는 손으로는 도저히 쓸 수 없을 것 같아 수차례 펜을 들었다 놓았다를 반복하곤 했습니다. 내 여린 가슴을 갈기갈기 찢어놓고 짓밟아버린 그날, 내 나이 열여섯의 그날을 피를 토하는 심정으로 다시 떠올립니다."

할머니가 된 소녀는 눈을 감는다. 소녀의 고통과 슬픔, 허무가 전해오고 있었다. 얼마나 엄청난 일이 벌어졌는지 그녀의 마음속에 다시 회오리가 일고 있었다. 한참을 망설이던 그녀는 다시 입을 열었다.

"만세 소리와 함께 태극기가 온 나라를 물들이고 있었어요. 이제 더 이상 태극기를 숨기는 것이 죄가 되지 않는 세상이 되었지요. 암흑의 밤이 지나고 새로운 아침이 밝았습니다. 광복의 빛이 다시 돌아온 것이죠. 아버지도 그때 돌아오셨어요."

터벅터벅…… 먼 곳에서 희미한 발자국 소리가 들렸다. 꿈에서조차 잊을 수 없는 익숙한 그 소리, 발자국 소리에 그녀는 정신이 번쩍 들었다.

소녀는 신발을 제대로 신지도 못하고 마당으로 달려갔다. 실내에서 봤던 것보다 훨씬 더 붉은 노을이 손에 닿을 듯 가까이에 펼쳐져 있었다. 소녀는 손을 뻗어 그것을 만져보고 싶은 충동이 들었다. 참말로 좋은 날이었다. 그때 발걸음 소리가 가까워졌다. 소녀는 정신을 차리고 소리의 근원을 찾았다.

발자국 소리가 멈춘 곳에 걸인처럼 초라한 행색의 아버지가 서있었다. 변함없는 발소리를 이끌고 그가 온 것이다. 수염은 길게 자라 턱을 덮었고, 볼은 움푹 들어갔으며 얼굴은 야위었지만 두 눈만은 빛나고 있었다. 알아볼 수 없을 정도로 몸과 얼굴이 상했지만, 형형한 눈빛은 변함없었다.

"어디 보자, 이놈들. 그동안 얼마나 고생이 많았느냐?"
"아! 아버지!"

소녀가 그의 품에 와락 안기었다. 뒤이어 소녀의 오빠들도 그에게 안겼다. 가족은 그렇게 서로를 얼싸안고 뜨거운 눈물을 흘렸다.

손양원의
사랑

10

 아버지인 손 목사와의 만남은, 그렇게 한순간에 아무것도 일어나지 않은 것처럼 일어났다. 어떻게 알았는지, 수많은 나환자들이 구름떼처럼 몰려들어 손 목사를 반겼다. 뿐만 아니라, 동냥한 양식을 소녀의 식구들에게 나누어 주었던 남강다리 밑 나환자 걸인들도 찾아와 손 목사의 귀환을 축하해주었다. 애양원에는 다시 하나님의 은혜가 넘쳤고, 조금씩 원래의 자리를 되찾아가기 시작했다. 뿔뿔이 헤어졌던 소녀의 가족은 애양원에 다시 보금자리를 마련했다. 참으로 꿈만 같은 일이었다. 손 목사는 다시 목회일을 보았고, 나환자들과 어울리기 시작했다.

안타까운 일은 손 목사와 이토록 큰 기쁨을 함께할 수 없는 분이 있다는 것이었다. 75세의 고령임에도 불구하고 늘 옥중의 아들을 염려하고 자식들의 장래와 굳건한 신앙을 위해 끊임없이 기도와 편지를 이어가던 소녀의 할아버지가 하늘나라로 떠난 것이다. 1945년 4월 13일의 일이었다. 광복이 되기 불과 4개월 전, 그토록 고대하던 기쁜 날을 보지 못하고 이역 만리 하얼빈에서 눈을 감았다.

애양원의 여름은 활기찼다. 늘 바라보던 바다였지만 광복 후에 바라보는 바다는 그 전과 사뭇 달랐다. 새롭게 단장한 듯 한없이 푸르고 맑았다.

소녀는 두 오빠와 함께 애양원으로부터 50리 정도 떨어진 순천에서 학교를 다니게 되었다. 공부를 하는 아이들은 순천에 살고, 부모님은 애양원에 계셨으므로 두 살림이 시작된 것이다.

순천은 작은 도시답게 조용하고 한적했으며, 학창시절을 보내기엔 더없이 아름다운 마을이었다. 큰오빠인 동인은 장차 선생이 될 꿈에 부풀어 있었다. 큰오빠는 순천 사범학교에 다녔고, 둘째 오빠 동신은 순천 중학교에서 학업을 이어나갔다. 소녀도 어느덧 중학교에 입학하게 되었다. 그렇게도 가고 싶던 학교에 다니게 된 것이다. 두 오빠는 그런 소녀를 끔찍이도 아꼈다.

"오늘은 동희가 좀 늦네."

"형님, 우리가 찾아봐요. 날이 어두워져가는데 우리 동희가 무서워하면 안 되잖아요."

"그래, 나도 같은 생각이다."

소녀의 귀가가 늦으면, 오빠들은 어김없이 온 동네를 돌며 사랑하는 동생의 이름을 불러댔다. 소녀가 친구들과 놀다가 늦은 걸 알고 나서도, 좀처럼 두 오빠는 화를 내는 법이 없었다. 어디 그뿐이랴. 학교에 입학한 소녀가 공부 때문에 스트레스를 받지는 않을까, 자기들 공부할 시간까지 줄여가며 산수를 가르쳐주기도 했다.

'이 행복이 계속될 수만 있다면, 영원히 어른이 되지 않아도 좋아.'

소녀는 하루하루가 마냥 행복했다. 두 오빠와 함께 학교에 다닐 수 있는 것만으로도 매일 꿈을 꾸는 것 같았다. 그 행복이 실감 나지 않아, 이따금 제 손으로 볼을 꼬집기도 했다. 그때마다 아야, 하고 소리치는 것으로 아침을 시작하곤 했다. 소녀는 행복이라는 단어에 실체가 존재한다면 자신이 생활하고 있는 현재와 같은 모습일 거라 믿어 의심치 않았다.

그러던 어느 날이었다. 소녀가 학교에서 돌아오던 길이었다. 소녀는 길가에 있던 커다란 바위에 걸려 넘어졌다. 그런데 그만 팔꿈치가 바위에 부딪치고 말았다. 피가 줄줄 흘렀다.

"오빠! 오빠! 나 팔이 부러졌나 봐. 너무 아파."

소녀는 다친 팔을 손으로 감싼 채 엉엉 울며 오빠를 불렀다. 동인의 얼굴이 파랗게 질려서 소녀를 업고 뛰기 시작했다. 침을 맞아도 통증은 좀처럼 사라지지 않았다. 잠을 잘 수가 없었다.

"동희야! 내 등에 업혀. 오빠가 재워줄게."

동인은 소녀를 업고 집 주변을 몇 바퀴씩 돌면서 달래고 위로하며 간신히 소녀를 잠들게 했다. 참으로 즐겁고 행복한 나날이 꿈처럼 흘렀다.

1948년 10월 19일 그날 아침도 여느 때와 다를 바가 없었다. 가을 햇살이 눈을 뜰 수 없을 정도로 찬란하고 아름답게 내리쬐고 있었다. 동희의 얼굴에는 유난히 환한 미소가 번졌다. 그리도 고대하던 소풍가는 날이었기 때문이다. 불길한 징조 따위는 조금도 없었고, 가지런히 놓인 신발까지도 소녀가 빨리 길을 나서기를 재촉하는 듯했다.

"학교 다녀오겠습니다. 아니, 소풍 다녀오겠습니다!"

금방이라도 하늘을 날 것 같은 기분으로 소녀는 대문을 나섰다. 그런데 막 대문을 닫으려는 순간, 갑자기 오빠가 소녀를 불러세웠다.

"동희야, 잠깐만."

오빠의 갑작스런 부름에 동희는 눈을 동그랗게 뜨고 얼른 대답했다.

"왜 오빠?"

"우리 동희, 소풍날인데 맛있는 것도 못 싸주고. 어머니가 곁에 계셨으면 좋았을 텐데."

동인은 소녀의 가방에 과자가 담긴 봉지를 넣어주었다.

그리고 그동안 아끼고 아껴 모아두었던 돈을 소녀의 손에 쥐여 주었다.
"이 돈으로 맛있는 거 사 먹어."
"우와, 우리 오빠 최고! 참, 소풍 갔다가 바로 애양원으로 갈 거야. 내일은 쉬는 날이니까."
소녀는 그렇게 말하고 서둘러 대문을 나섰다. 그런데 등 뒤에서 오빠의 목소리가 자꾸 들려왔다.
"동희야!"
"왜 자꾸 불러. 나 시간 없는데……."
소녀는 급한 마음에 발걸음이 빨라졌다.
"동희야! 동희야!"

평소 같지 않은 일이었다. 모든 것이 완벽했던 그날 아침, 큰오빠 동인은 평소와 달랐다. 그날 오빠는 왜 계속 소녀의 이름을 불렀을까? 오빠의 부름에 왜 소녀는 돌아보지 않았을까? 조금만 천천히 달릴 것을, 한 번만 뒤돌아볼 것을.

훗날 소녀는 그날의 일을 뼈저리게 후회했다. 소녀에게 불길한 마음이 들었다면, 아마도 그 순간이었으리라.

여
정

손양원 목사를 찾아나서는 안경선 목사의 여정은 어느새 국경을 넘고 있었다. 그는 미국행 비행기에 타고 있었다.

2014년 7월, 미국 노스캐롤라이나 블랙마운틴의 조용한 산골마을인 하이랜드팜에서 뜻깊은 행사가 열렸다. 그곳에서는 한국에 파견되었던 선교사들이 3년에 한 번씩 한자리에 모여 '한국 선교사의 날'을 기념하고 있었다.

그가 여기까지 온 것은 애양원에서 사역했던 푸른 눈의 선교사를 만나기 위해서였다.

일제강점기와 한국전쟁의 소용돌이 속에 한국을 찾아왔던 선교사들.

그들은 그의 아버지를 기억한다고 했다. 100세를 바라보는 그들의 기억 속에 한국에서의 일들은 여전히 생생했다. 특히 1961년부터 1980년까지 20년 동안 애양병원에서 의료선교를 했던 토플 선교사가 그를 반겼다.

"내 첫딸이 애양원에서 태어났어요."

토플 선교사는 벌써 85세가 되어 노스캐롤라이나에 살고 있었다. 그로부터 당시 애양원의 상황을 전해들을 수 있었다. 그는 나환자들의 고통을 기억하고 있었으며 손양원 목사와 그의 아버지 안재선을 또렷이 기억하고 있었다.

"손양원 목사가 나환자들을 위해 헌신한 모습을 어찌 잊겠습니까? 그리고 원수를 용서한 그의 위대한 사랑 역시 잊을 수 없지요."

그가 만난 또 다른 사람은 우월순 선교사의 여섯째 자녀인 존 윌슨이었다. 우월순은 한국인들이 쉽게 부르기 위한 이름이었고 본명은 로버트 M. 윌슨이었다. 그는 1926년 애양원을 세우고 손양원을 목사로 초빙한 인물이었다. 존 윌슨은 아버지로부터 손양원 목사에 대해 많은 이야기를 들었다고 했다. 나환자들을 생각하는 마음이 누구보다 간절했으며 깊은 사랑을 간직한 훌륭한 인물이었다는 것이다.

호숫가에 있는 윌슨의 집안에는 작은 한국이 담겨있는 듯 했다. 앵두나무와 사과나무를 심어놓고 한국의 꽃과 나무를 가꾸며 한국의 안녕을 바라고 있었다.

안경선 목사는 미국 남장로교회 아카이브(기록보관소)에

손양원 목사와 애양원에 관한 자료가 있다는 소식을 들었다. 그는 운전대를 잡고 그곳으로 향했다. 필라델피아를 지나 도착한 기록보관소에는 수십 년의 자료가 보관되어 있었다.

그는 도움을 받아 1940년부터 1960년대의 자료를 찾아보았다. 검색하는 손놀림이 빨라졌다.

'손양원' '애양원' '안재선'…….

피난선에서 예배를 드리는 손양원 목사와 신도들의 사진이 보였다. 1950년대 애양원의 피난선 사진도 있었다. 그들의 간절한 모습이 담긴 귀중한 사진이었다.

손양원의
사랑

11

평화롭던 순천 땅이 지옥으로 변한 건 한순간의 일이었다. 한 여중생 소녀가 집을 나서던 그날, 여순사건이 터졌다.

평온했던 거리가 완전무장을 한 군인들로 넘쳐나기 시작했다. 비포장도로에는 군용트럭이 굉음과 먼지를 내며 돌아다녔다. 그때까지도 주민들은 국가안보를 위한 훈련 정도로 여겼다. 뭐가 어떻게 돌아가는지 모른 채, 주민들은 큰길을 놔두고 좁은 골목길로 돌아가야 했다. 행여 군인들이 말을 걸어오면, 아무 이유도 없이 "죄송합니다."

라고 말해야 했다. 얼마 후, 또 한 무리의 군인들이 모습을 드러냈다. 같은 군복을 입고도 그들은 서로에게 총부리를 겨누었다. 들리는 이야기로는 한쪽은 반란군이고, 또 한쪽은 진압군이라고 했다. 여수와 순천 일대가 피로 얼룩져 갔다. 그런데 그들의 총부리는 다른 곳도 겨누었다.

"손동인, 손동신, 이 반동 새끼들!"

소녀가 집을 나섰던 바로 그 대문으로 한 무리의 군인이 들이닥쳤다. 그들은 다짜고짜 총부리를 겨누고 두 형제를 포박했다.

"저희가 무슨 잘못을 했다고 그러세요?"

동인, 동신은 아직 어린 학생들에 불과했다. 그들의 죄라면, 학교 안에서 기독교의 복음을 전하고, 기회가 있을 때마다 공산주의의 잘못을 폭로한 것뿐이다. 그러나 그것이 결국 화근이 되어 돌아왔다. 여수와 순천 일대를 장악한 반란군은 총칼로 위협하여, 서로가 서로를 고발하도록 했다. 그리하여 누군가 두 형제를 고발한 것이다. 그들은 곧바로 인민재판에 회부되었다.

"이 모든 것은 형인 제가 저지른 죄입니다. 저를 죽여주십시오."

"아닙니다. 형은 죄가 없습니다. 제가 꼬드겨서 저지른 일입니다."

하지만 죄의 유무를 따지는 재판이 아니었다. 죄의 중함과 가벼움을 가리는 재판도 아니었다. 오직 죽이기 위한 재판이었다. 죽음을 예감한 형제는 서로 대신하여 죽기를 자원하였다. 그러나 그들에게는 일말의 자비도 찾을 수 없었다.

"일발 장전."

두 눈이 가려진 사람들이 일렬로 늘어섰다. 그중에는 동인 동신 형제의 모습도 보였다. 뒤이어 한 무리의 군인이 그들 앞에 섰다. 총알을 장전하고, 그들을 향해 총구를 겨누었다.

"발사."

신호에 맞춰 일제히 방아쇠가 당겨졌다. 이내 한 사람이 피를 토하고 쓰러졌다. 뒤이어 다음 사람에게로 총구가 옮겨졌다.

"형! 괜찮은 거야?"

겁에 질린 표정으로 동신이 애타게 형의 이름을 불렀다. 그러나 되돌아오는 답은 없었다. 동신은 체념한 듯 중얼거렸다.

"하나님, 이제 저도 하나님의 품으로 갑니다."

뒤이어 총성이 울렸다. 더 이상 아무 말도 들리지 않았다.

폭도들을 진압하기 위해, 정부는 모든 수단을 동원하여 무차별적인 공격을 가했다. 그런데 그들이 겨눈 총부리는 폭도들에게만 향하지 않았다. 민가에도 폭탄이 떨어졌고, 무고한 시민들도 총탄을 맞고 쓰러져야 했다. 불과 어제까지만 해도 반갑게 인사하던 이웃 주민이 하루아침에 실종되거나 싸늘한 주검으로 돌아왔다. 열흘도 안 되는 사이에 2,600여 명의 주민이 목숨을 잃었고 3,400여 가옥이

불에 탔으며, 실종자도 천 명이 넘었다.

살아남은 자들 역시 하루하루 눈물을 삼키며 '삶'이라는 가느다란 끈을 붙잡고 있을 수밖에 없었다. 눈을 떠도, 감아도 이웃의 비통한 울음소리가 들리는 듯했고, 대문을 열고 가족이 살아 돌아올 것 같은 환상에 시달려야 했다. 한적했던 작은 도시에는 지옥의 풍경이 펼쳐지고 있었다.

"여수와 순천에서 엄청나게 많은 사람들이 죽었대요. 어린 학생들까지 반란군에 가세해서 군인들과 대항하고 있어요. 보통 난리가 아닌 모양이에요."

사람들의 이야기를 뒷받침하기라도 하듯, 멀리서 총성이 들려오기 시작했다. 불길한 예감이 송곳처럼 날카롭게 소녀의 가슴에 박혔다.

비극

1949년 10월 19일, 그해 단풍은 유난히 더 붉은색으로 변하고 있었다.

그날, 여순사건이 터졌다.

한국전쟁보다 2년 먼저 일어난 여순반란사건은 민족상잔이라는 비극의 서막 같았다. 열흘도 안 되는 사이에 수천 명이 목숨을 잃거나 실종되었던 것이다.

군부대원들의 반란에서 시작된 여순사건은 여수, 순천의 주민들과는 아무 관계가 없는 일이었다. 그러나 반란을 진압하는 과정에서 좌우익 세력으로부터 전남 동부지역의 무고한 민간인들이 목숨을 잃었다. 반란군과 뜻을 같이하지 않았다는 이유로 억울하게 희생된 것이다. 주민들과는 아무 연관도 없었던 이 사건의 상처는 고스란히 지역의 민간인들에게 돌아왔다.

여수지역사회연구소 이영일 소장이 말했다.

"작은 소도시에서 사망자만 2,600명이 넘었으니 애통하고 안타까운 목숨이 얼마나 많았겠습니까? 말 그대로 인간이 만든 지옥의 풍경이 펼쳐진 것이죠."

반란군은 친일파, 친미파, 군인과 경찰 가족을 학살했

고, 이승만 정부는 진압군을 내세워 잔인한 보복에 들어갔다. 이 과정에서 수많은 민간인이 죄 없이 숨졌고, 특히 젊은이들의 희생이 컸다.

그중에는 소녀의 두 오빠도 있었다.

손양원의
사랑

12

소녀는 기차가 끊어진 철길을 쉬지 않고 달렸다. 오빠들을 보러 순천으로 가야 할 것만 같았다. 어디가 어딘지 구분할 수 없었지만 소녀는 감에 의지한 채 앞만 보고 달렸다. 몇 번을 넘어졌는지 셀 수도 없었다. 무릎은 이미 고통에 둔감해졌고 피비린내에 코는 무디어졌다. 넘어졌다 일어서면 무릎이 다시 푹푹 꺾였다. 마치 누군가가 발을 잡아끄는 것만 같았다. 더 이상 발을 뗄 수 없을 정도로 힘이 들었다. 눈물이 났다. 옷소매로 눈물을 닦으며 소녀는 오빠들이 있을 것 같은 곳을 향해 내달렸다. 소녀를

배웅해주며 몇 번씩이나 부르던 오빠의 목소리가 자꾸만 귓가에 맴돌았다.

"하나님! 하나님! 제발요. 절대 아니죠? 그런 일은 없죠? 두 오빠들이 무사하게 해주세요. 하나님! 하나님! 제발요."

순천으로 가는 길은 너무나 험악했다. 제 세상을 만난 듯 미쳐 날뛰는 빨갱이들과 좌익 사상에 물든 젊은 학생들을 태운 트럭은 마치 무법자처럼 여수와 순천 구석구석을 누비고 다녔다.

'동희야, 우리 사랑하는 동생 동희야.'

아침에 그랬던 것처럼, 달리는 길의 끝에 다다르면 오빠들이 반갑게 맞이해줄 것 같았다. 정말 하늘에 그분이 계신다면, 두 오빠가 무사하게 해달라고 빌고 또 빌었다. 할 수만 있다면 두 다리를 다 바쳐서라도 오빠들을 만나게 해달라고 간청했다.

그러나 힘을 내면 낼수록 속도는 점점 느려졌고, 아침에 집을 나설 때 그렇게 가까웠던 거리가 견딜 수 없이 멀게만 느껴졌다. 그렇게 쉼 없이 달려 도착한 순천은 공기부터 변해 있었다.

사람들로 붐벼야 할 거리는 황량한 벌판처럼 텅 비어

있었고, 뿌연 연기까지 사방을 가려 한 치 앞도 내다보기 힘들었다. 겨우 연기가 걷히자, 눈으로 보고도 믿을 수 없는 광경이 펼쳐졌다.

  소녀가 도착했을 때 순천 시내는 이미 아수라장이 되어 있었다. 온 신작로에 시체가 산더미처럼 쌓였다. 소녀는 겨우 발을 내딛어 집 앞까지 다다랐다. 대문은 소녀가 집을 나섰을 때처럼, 활짝 열려있었다. 소녀가 어서 돌아오기를 기다리며, 오빠들이 미리 열어놓았을 거라 소녀는 생각했다. 정말 그러기를 바랐다. 그러나 푸른색 대문은 이미 흉물스럽게 변해 있었다. 그리고 대문 안으로 길게 흐른 검붉은 액체가 보였다. 다리에 힘이 풀려 다시 주저앉아 버린 소녀는, 시퍼렇게 멍이 든 무릎으로 기어서 집 안으로 들어섰다. 핏물은 점점 더 진하게 흘러내리고 있었다. 그 옆으로는 신발과 가방이 나뒹굴고 있었다. 소녀는 그것이 오빠들의 것이란 걸 알아차렸다. 믿을 수 없는 절망감에, 소녀는 눈물조차 나오지 않았다.

  "큰오빠! 작은오빠! 어딨어? 어딨냐고!"

  아무런 대답도 들려오지 않았다. 조금 후에 옆방에 세 들어 살던 양 집사님이 대문 안으로 들어섰다.

  "아이고, 동희야!"

"양 집사님!"

"이 일을 어쩌면 좋니? 동인이하고 동신이는……."

소녀는 손으로 입을 틀어막았다. 눈물이 나오는 것을 가까스로 참으며, 스스로를 다독였다. 천천히 발걸음을 옮겨 신작로에 들어섰을 때, 산처럼 쌓인 검은 물체가 소녀의 시선을 잡아끌었다.

그 거대한 산 앞에 소녀는 한참을 우두커니 섰다. 그리고 그것이 시체더미라는 것을 알았을 때, 그 자리에 주저앉고 말았다.

'설마, 그럴 리가 없어. 아니야, 우리 오빠는 없을 거야!'

소녀는 고개를 절레절레 흔들었다.

"동희야! 네 오빠들은 내가, 내가……."

양 집사는 차마 뒷말을 잇지 못했다.

소녀는 애써 정신을 차리고 물었다.

"우리 오빠들이 어디 있다고요? 어서 가요. 어서요!"

소녀는 양 집사를 재촉해 오빠들이 누워있는 곳으로 갔다. 허허벌판의 어느 밭도랑에 깔린 가마니 위에 두 오빠가 누워있었다. 얼마나 얻어맞았는지 온몸에는 마치 문신을 새긴 것처럼 피멍이 나있었고, 이마와 가슴에는 총알 자국이 보였다. 소녀는 하늘을 향해 소리쳤다.

"하나님! 하나님은 그때 무얼 하고 계셨나요? 내 오빠들이 억울하게 죽어갈 때, 당신은 눈 감고 계셨나요? 왜요? 이 총알은 도대체 누가 만들었나요? 날아오는 총알을 막아줄 수는 없었나요? 흑흑!"

소녀는 실성한 사람처럼 울부짖었다.

두 오빠의 죽음은 나중에 순천과 여수 사람들에게 커다란 파문을 일으켰다. 큰오빠가 죽기 직전에 불렀던 찬송, '하늘 가는 밝은 길'은 순천 시내를 은혜로 술렁이게 했다. 비단 기독교인들만이 아니라 믿음이 없었던 이들도 오빠들의 이야기에 깊은 감명을 받고 가슴을 떨었다.

하늘 가는 밝은 길이 내 앞에 있으니
슬픈 일을 많이 보고 늘 고생하여도
하늘 영광 밝음이 어둔 그늘 헤치니
예수 공로 의지하여 항상 빛을 보도다.

소녀의 귀에 오빠의 찬송가 소리가 잔잔히 들리는 것만 같았다.

'죽음을 이길 수 있는 강한 힘이 무엇이었을까?'

소녀는 오래오래 생각했다.

'예수님이었을까? 그분 때문에 오빠들은 어둠과 절망의 세계 너머로 환하게 보이는 영원한 삶의 터전인 천국을 주시하며 기쁜 죽음을 맞이했을까?'

그러나 총알을 맞고 피를 흘리며 처참하게 죽음을 맞이했을 오빠들을 생각하며 소녀는 울고, 또 울었다.

'아! 내 사랑하는 오빠!'

주홍글씨

안경선 목사는 여순사건이 일어났던 당시의 사진을 바라보고 있었다. 순천으로 가는 야간열차 안에서 그는 깊은 어둠 같은 함정에 빠진 기분이 들었다.

'만약 그때, 여순사건이 일어나지 않았다면, 그랬다면, 손양원 목사의 두 아들과 내 아버지의 운명은 어떻게 달라졌을까? 또 나의 삶과 운명은 어떻게 바뀌었을까?

정말 그 일은 안경선 목사가 태어나기 훨씬 전인, 아버지의 학생시절 일이었다.

그날, 이곳에서 있었던 일이 떠오를 때마다 얼마나 아버지가 괴로워하며 몸부림쳐야 했을지, 그 아픔이 전해 오는 것 같았다. 자식인 그에게조차 말하지 못한 채…….

그는 지금 사진 속 그 장소를 향해 가고 있다. 아버지의 주홍글씨가 시작된 그곳.

어두운 창밖으로 집들이 스치고 있었다. 이어 돌산대교가 멀리 보였다.

'난 도대체 뭘 찾고 있는 것인가? 아버지는 이미 돌아가셨고, 아버지의 비밀은 더 이상 비밀이 아니다. 그렇다면 나는 대체 무엇이 더 알고 싶은가? 어떤 답을 찾고 싶은

것인가?'

다음날, 비가 추척추척 내리고 있었다. 그가 순천경찰서에 도착했을 때, 당시 여순사건을 목격한 사람이 있다고 했다. 순간 그는 피할 수만 있다면 피하고 싶었다. 그러나 길 건너편에서 몸이 불편한 윤순웅 할아버지가 천천히 걸어오고 있었다.

"안녕하세요? 저는 안경선 목사입니다."

"그럼 그때······."

윤순웅 할아버지는 말끝을 흐렸다. 충격적인 기억이었기 때문일까? 할아버지는 열네 살 소년시절에 목격한 장면을 마치 어제 일처럼 그려냈다.

"아마 여기 정도에서 한 번 쏜 거 같애. 요 정도 가까운 거리에서."

이미 알고 있는 이야기를 확인했을 뿐이건만, 안경선 목사의 심장이 튀어나올 듯 요동을 친다. 비가 내리고 있다는 것이 참으로 다행스러웠다.

"우리는 다같이 아픈 시대를 살았지요."

헤어질 즈음, 윤순웅 할아버지는 그에게 짧은 인사를

건넸다.

'그랬다. 모두가 아픈 시대였다. 하지만 언제나 그 다음, 그 다음에 어떻게 하느냐가 중요한 것이리라.'

그는 그 증인을 꼭 만나고 싶었고, 그 생생한 장면을 들어보고 싶었지만 또 막상 어떤 시간이 주어져서 그 이야기를 듣게 되었을 때, 가슴 한쪽이 무너져내리는 기분이었다. 참담함.

'내 고통보다 아버지의 그 고통은 어땠을까? 그보다 손양원 목사의 고통은 얼마나 크고 참담했을까? 손양원 목사님은 무엇으로 그 견디기 힘든 고통을 이겨낼 수 있었을까……'

손양원의
사랑

13

소녀는 난생 처음 목격한 죽음의 의미를 깨달았고, 그 죽음의 후유증은 길고 끈질기게 소녀를 괴롭혔다. 소녀는 일주일 동안 아무것도 먹지 못했고, 심하게 아팠다. 소녀는 두 오빠의 죽음 앞에서 더 이상 살아갈 자신이 없었다. 애양원에는 형제자매나 부모를 잃은 사람이 무수히 많았지만, 소녀는 자신의 슬픔은 그 누구의 슬픔과도 비교될 수 없다고 생각했다. 그만큼 두 오빠는 소녀에게 소중한 존재였다.

'동희야.'

매일 환청이 들려 눈을 감을 수도, 고개를 숙일 수도 없었다. 소녀는 살아있는 게 절망이었고 죽지 못한 게 한이었다. 그러나 소녀를 절망의 구덩이로 밀어넣은 일은 따로 있었다. 그가 장례식장에서 한 말을 소녀는 두 귀로 분명히 들었다.

"용서하면 용서했지 아들로 삼는다는 말은 도대체 무슨 말씀이세요? 아버지가 그놈을 아들로 삼으면 나에겐 오빠가 되는 것인데, 내 두 오빠를 죽인 원수가 어떻게 내 오빠가 된다는 말인가요? 있을 수 없는 일이에요."

여수, 순천 반란이 진압된 후 정세는 바뀌었고 동인, 동신 형제를 죽인 자들도 체포되어 총살을 당하게 되었다. 그중에는 '안재선'이라는 학생도 있었다. 그런데 손 목사는 두 아들을 죽인 안재선을 양아들로 맞이하고자 했다. 그것도 수많은 성도 앞에서 분명히 약속했다. 소녀는 도무지 그런 아버지를 이해할 수 없었다.

"아버지, 제발 이러지 마세요."

소녀는 무릎을 꿇고 애원했다. 그러나 아버지인 그는 소녀의 눈을 피해 먼 곳을 응시할 뿐, 아무런 대꾸도 하지 않았다.

"아버지, 예수를 믿으면 꼭 이렇게까지 해야 하나요?"

악에 받친 소녀는, 태어나서 처음으로 아버지에게 큰소리로 대들었다. 소녀는 차라리 그가 매를 들고 입을 다물라고 혼을 내주기를 바랐다. 그러나 그는 좀처럼 흥분하지도, 소녀의 말에 대꾸하지도 않았다. 그는 숨을 고르고 소녀를 의자에 앉혔다. 그리고 차분한 말투로 말했다.

"동희야, 성경 말씀을 자세히 보아라. 성경 말씀에 원수를 사랑하라 했다. 그러나 용서만 가지고는 안 된단다. 원수를 사랑하라 했으니 아들로 삼아야 되지 않겠느냐?"

그의 입에서 원수를 '아들'이라 말하는 순간, 아버지에 대한 믿음, 두 오빠에 대한 사랑으로 이어진 연대의 줄이 '탁' 하고 끊어지는 것 같았다. 소녀는 이보다 더 절망적인 일은 전에도 앞으로도 일어날 수 없을 거라 확신했다.

"말도 안 돼요. 아버지의 말씀은 도저히 받아들일 수 없어요. 어떻게 그런 생각을 하실 수가 있지요?"

"사랑하는 아가야, 그 질문을 하나님께 해보렴. 하나님이 그 질문에 답을 주실 거다."

"절대요. 하나님도 아버지처럼은 절대로 생각하지 않으실 거예요."

"맞는 말이다. 하나님이시라면 헤아릴 수 없는 더 큰 사랑을 보여주셨겠지."

"아⋯⋯ 아버지."

그는 소녀가 설득할 수 있는 사람이 아니었다. 새삼 그 사실을 깨달은 소녀는 아버지의 말씀 대로 기도를 해보았다. 두 오빠를 죽인 사람에 대한 미움과 분노가 고개를 들 때마다 스스로를 질책도 해보았다. 소녀는 아버지의 편에 서서 할 수 있는 모든 생각을 다 해보려 노력했다. 그러나 그럴수록, 미움은 오히려 몸집을 더 크게 부풀렸다.

아무리 미움을 없애고 그의 편에 서려고 해도 이해가 되지 않았다. 소녀는 세상에 아무리 노력을 해도 되지 않는 일이 분명히 있다는 것을 처음 깨달았다.

"아버지 말씀처럼 원수를 사랑하기 위해 수차례 기도도 올려보고 아버지 편에서 생각도 해보았습니다. 하지만 백 번 이백 번을 생각해도 아버지가 이해되지 않습니다. 어떻게 자식을 죽인 원수를 양자로 삼으려 하는지, 아버지가 미워죽겠습니다. 눈물이 나서 더 이상 생각조차 하기 싫습니다."

소녀는 다시 한 번 그의 앞에서 말했다. 그리고 한없이 눈물을 쏟아냈다. 그러나 아버지는 태연했다. 그 흔한 눈물 한 방울 보이지 않았다. 소녀는 그런 아버지가 밉고 원망스러웠다.

'아버지는 사람이 아니었어. 오직 하나님 앞에서 성인인 척하는 위선자일 뿐이야. 어떻게 자식을 하나도 아닌 둘을 잃고도 저럴 수가 있을까.'

그날 밤이었다. 모두가 잠들었는데 소녀는 잠을 이루지 못하고 뒤척이고 있었다. 그즈음, 어디선가 한없이 서글픈 울음소리가 들려왔다. 소리에 이끌려 소녀는 방에서 나와보았다.

'아버지……'

슬픈 기색조차 보이지 않던 아버지가, 유품으로 돌아온 아들 형제의 교복을 붙들고 부들부들 떨면서 울고 계셨다.

"동인아, 동신아. 이 녀석들아! 이게 도대체 웬말이냐?"

손 목사는 홍수 같은 눈물을 쏟아내고 있었다. 그동안 애써 감추고 참았던 감정들이 일시에 분출되는 것 같았다. 생전 처음 보는 그의 통곡은 뜨겁고 고통스러웠다.

소녀는 한없이 절망했고, 비로소 깨달았다. 아버지의 슬픔 또한 소녀의 고통과 다를 게 없다는 것을. 아버지 역시 소녀만큼, 아니 오히려 더 비통해하고 있었다는 것을 깨달았다. 단지 차이가 있다면 소녀는 감정을 있는 그대로 토해놓은 반면에 그는 속으로 누르고 있었던 것이다. 자식에 대한 강한 사랑을 그는 그렇게 혼자 갈무리하고 있었다.

유언

'손양원 목사는 어떻게 아들을 죽인 자를 용서했을까? 용서로도 모자라 어떻게 사랑했을까?'

그 질문을 십자가로 짐을 져야 했던 사람을 그는 안다. 바로 그의 아버지 안재선이다.

아버지의 과거를 알게 된 후, 그 십자가는 또한 그의 것이 되었다.

유난히도 눈이 많이 내리던 겨울날이었다. 열아홉 살의 겨울, 그날을 잊을 수가 없다. 병석에 누워계셨던 아버지가 세상을 떠난 날이었다.

고3이 되어 진로를 고민하던 그에게 아버지는 신학교에 가라는 마지막 말을 유언처럼 남긴 채 눈을 감았다. 비로소 평온해진 얼굴이었다.

장례를 치르는 동안 한 남자가 빈소로 찾아왔다. 문상을 마친 남자는 안경선 목사에게 책을 건넸다. 장례식장에 책이라니 이 어울리지 않는 조합에 그는 의아했다. 책 표지에는 『사랑의 원자탄』이라고 쓰여있었다.

슬픈 표정의 남자는 한참을 가만히 있더니, 천천히 말을 꺼냈다.

"내가 너의 작은아버지가 된다."

"……."

그는 갈수록 미로에 빠지는 기분이 들었다. 그 말만 남기고 중년의 남자는 자리를 떠났다. 그는 머리를 갸우뚱했다.

그리고 훗날 그는 그 사람이 누구인지 알았다. 그의 모습을 손양원 목사의 장례식 사진 속에서 찾을 수 있었다. 사진 속 그는 강보에 싸여있는 아기였다. 바로 손양원 목사의 아들 손동길이었다.

그는 난생 처음 만난 사람이, 한 번도 본 적 없는 사람이 전해준 이것은 과연 무얼까 궁금해지기 시작했다. 『사랑의 원자탄』이란 책의 내용은 들어서 알고 있는 내용이긴 했다. 궁금증은 점점 커져만 갔다. 장례식 때는 경황이 없어서 못 읽다가, 아버지 장례식을 다 치르고 어느 날 책상에 앉았다.

그 앞에 책이 놓여있었다. 그는 손양원 목사 이야기를 읽어가기 시작했다. 책장을 얼마 넘기지 않아서 여순사건 이야기가 나오고, 동인과 동신 형제가 순교당하는 장면

속에 아버지 이름 석 자를 발견했다. 더 이상 그 책을 읽어내려갈 수 없었다.

그는 아버지가 평생 동안 숨겨둔 과거 이야기를 알게 되었다. 왜 그토록 아버지가 과거에서 자유롭지 못했는지, 무엇이 그렇게 아버지를 짓눌렀는지 꼬리에 꼬리를 물던 의문의 실타래가 풀리는 것 같았다.

그는 마음을 다잡고 아버지의 유언대로 신학교에 입학했지만, 시간이 흐를수록 아버지의 주홍글씨는 그를 괴롭혔다. 정체성의 혼란을 겪으며 몸은 한없이 약해졌고, 죽음의 문턱까지 닿았다. 그래도 절대 기도를 놓을 수는 없었다.

손양원의
사랑

14

손 목사가 소녀를 부른 것은 이른 아침이었다.

"동희야!"

그의 목소리는 평소와 다름없이 침착하고 나직했다. 그러나 그 눈빛만은 예사롭지 않았다. 무언가 단단히 결심을 한 모습이었다.

"아버지는 지금 부흥집회 때문에 집을 떠나야 한다. 그래서 순천까지 갈 수가 없구나. 내 대신 네가 나덕환 목사님에게 다녀오거라. 가서 내 뜻을 목사님께 전하거라."

"아버지의 뜻이라니, 무슨 말씀이세요?"

소녀는 모든 것을 알고 있었지만, 다시 물었다.

"네 오빠들을 죽인 학생이 잡혔다고 하더구나. 그러니 네가 얼른 나 목사님께 가서 그 학생을 구타해서도 안 되고 사형자 명단에서 빼달라고 부탁하거라. 그를 내 아들로 삼을 것이니 그 뜻을 잊지 말고 꼭 전해야 한다."

"제발 죽도록 내버려두세요. 오빠가 죽었듯이 그놈도 죽어야 한다구요. 살려둘 가치가 없어요."

소녀는 그를 이해할 수 없었다. 그는 낮게 한숨을 쉬고 나서 차근차근 설명을 하기 시작했다.

"이 아버지에게 어찌 미움이나 슬픔이 없겠느냐? 그러나 그것을 일단 마음으로 용서하기로 했다. 마음으로 받아들였지. 그런데 말이다, 동희야! 그것만 가지고는 사랑이라 할 수 없다. 그가 죽는다고 오빠들이 살아 돌아오겠느냐? 그를 살리고 그의 영혼을 구한다면 하나님의 명령에 순종할 뿐더러 한 인간의 타락한 영혼을 구제한 보람을 느낄 수 있지 않겠느냐? 두 오빠는 천국에 갔으나 두 오빠를 죽인 자는 지옥에 갈 것이 분명한데 전도하는 삶을 사는 우리가 지옥으로 가는 그를 그냥 보고 있을 수는 없지 않겠느냐. 저 불쌍한 영혼을 어찌 보고만 있을 수 있겠니? 그토록 불쌍한 영혼을……."

아버지가 아무리 이야기해도 소녀는 아버지가 미웠다. 그러나 하나님 앞에서 한 아버지의 맹세가 거짓이 되는 것을 원하진 않았다.

"알겠어요, 아버지. 하지만 제가 그를 용서한다는 것은 아니에요."

"고맙구나. 역시 내 딸이다. 사형을 당하기 전에 가야 하니 어서 서두르도록 해라."

소녀의 아버지는 눈물로 범벅이 된 소녀의 얼굴을 손수건으로 가만가만 닦으시며 꼬옥 껴안았다.

나 목사를 찾아간 소녀는 오빠들을 죽음으로 몰아넣은 그를 구하기 위해 이리저리 바쁘게 뛰어다녔다. 그리고 소녀는 절박한 심정으로 국군대장을 찾아갔다. 국군대장은 완장을 차고 한 치의 흐트러짐도 없는 모습으로 서있었다. 그의 뒤로 손을 결박당한 채 고개를 푹 숙이고 있는 청년들이 있었다. 그들은 이미 무참히 얻어맞고 피투성이가 되어 있었다.

'아마도 저들 중 한 명이, 사랑하는 내 오빠들을 죽인 사람이겠구나.'

소녀는 생각했다. 하지만 그중에 누가 그인지 소녀는 가늠할 수 없었다. 소녀는 끓어오르는 증오를 억누르려,

입술을 깨물었다.

"이 아이가 손양원 목사의 딸입니다."

나 목사가 소녀를 소개했다. 육군대장은 소녀를 위아래로 훑어보고는 고개를 갸우뚱거렸다.

"네가 여기까지 온 이유가 무엇이냐?"

"저는 손양원 목사의 딸 손동희입니다. 아버지의 말씀을 전하러 이렇게 왔습니다."

소녀의 말에 국군대장은 솔깃했는지, 바로 자세를 고쳐 잡았다.

"무슨 말씀을 하셨는데?"

"그게……."

소녀는 떨리는 목소리를 들키지 않으려, 손으로 목울대를 지그시 눌렀다.

"아버지께서 말씀하시기를…… '나의 죽은 아들들은 결코 자기들 때문에 친구가 죽는 것을 원치 않습니다. 그 아이들은 친구의 죄 때문에 이미 죽었습니다. 만일 이 학생을 죽인다면 내 아들 동인, 동신 형제의 죽음까지 무의미하게 만드는 일일 것입니다.' 라고 하셨습니다."

소녀의 말을 듣고, 육군대장은 놀란 기색을 감추지 못했다. 그러나 이내 고개를 가로저으며 말했다.

"아버님의 그 뜻은 충분히 알겠다만 이미 결정된 일이란다. 반역죄인을 살려둘 수는 없는 노릇이지."

그의 태도는 단호했다. 하지만 소녀의 말은 아직 끝난 것이 아니었다. 소녀는 죽어도 하기 싫은 그 말을 꺼내야만 했다.

"저희 아버지는 또 말씀하셨어요. 우리 두 오빠들을 죽인 학생을 살려주셔야 할 뿐 아니라…… 한 대도 때리지 않고 보내주시면……."

"보내주면?"

"보내주시면……."

"어서 말해보렴. 보내주면 어쩐다고?"

국군대장은 눈을 동그랗게 뜨고 소녀의 말을 재촉했다. 소녀는 더 이상 대답을 피할 도리가 없다는 듯, 단념하며 말했다.

"살려서 보내주시면 아버지께서 그를 양아들로 삼으신다고……."

북받치는 울음 때문에 소녀는 말을 채 끝마치지 못했다. 하지만 육군대장은 소녀의 말을 바로 알아들었다.

"양아들이라고? 자기 자식을 죽인 놈을 양아들로 삼는다고?"

놀라움에 입을 다물지 못하고, 육군대장은 피우고 있던 담배를 손에서 떨어뜨리고 말았다. 그 자리에 있던 군인들도, 포박되어 있는 청년들도 그리고 청년들의 부모들도 입을 다물 수 없기는 마찬가지였다.

'세상에! 어떻게 자식을 죽인 원수를 양아들로 삼겠단 말인가.'

아마 그들도 그리 생각하는 듯했다. 정적을 깨고, 소녀는 소리 내어 서럽게 울어댔다. 뒤이어 그 자리에 있던 사람들도 따라 울기 시작했다. 그런데 유독 더 큰 소리로 우는 이가 있었다. 포박을 당한 채 차마 소녀를 바라보지 못하고 고개를 숙이고 우는 그. 그가 사랑하는 두 오빠가 죽은 후, 그 시체에 확인 사살을 하듯 총탄을 발사했던 안재선이라는 사실을, 소녀는 단번에 알아차릴 수 있었다.

"아… 내가, 내가, 동신이가 쓰러진 후에…… 쓰러진 후에…… 흑흑."

"야, 이 짐승만도 못한 놈아! 얼마나 악독하면 죽은 사람을 쏜단 말이냐?"

한 사람이 나서서 에잇 소리를 내며 그를 때리려 했다.

"그를 더 이상 때리지 마세요. 아버지가 그러셨어요. 때리지 말라고."

그때 나 목사가 나섰다.

"나는 동인 동신 형제의 아버지인 손양원 목사로부터 간절한 부탁을 받고 왔소. 그분이 말씀하시길 손 목사의 아들을 죽인 그 학생을 처형하지 않고 살려준다면 회개시켜 아들로 삼겠다고 했소."

상처라는 것. 그게 뭘까? 사람들은 쉽게 이야기하곤 한다. 사람들은 누구나 상처를 안고 살아간다고. 그게 삶이라고.

그런데 그 상처라는 것이 비교 가능한 성질의 것일까? 누군가의 상처에 대해서 말하는 것이, 알게 되는 것이 어렵다는 것. 그것을 깨닫고 나서야 우리는 어쩌면 상처에 대해서 말할 수 있는 권리가 생기는 게 아닐까 모르겠다.

이철환을 매혹시키는 상처의 흔적.

가을이 찾아온 애양원에서 이철환은 마침내 할머니가 된 소녀를 만났다. 손양원 목사의 삶으로 그를 이끌었던 목소리…….

"안녕하세요? 이철환입니다. 많이 뵙고 싶었습니다."

"손동희입니다. 감사합니다. 반갑습니다."

그는 소녀와 함께 순천공고 운동장 나무 아래를 걷고 있었다.

"예전엔 차마 이곳에 올 수조차 없었어요. 교복을 입은 두 오빠의 모습이 눈에 선한 운동장이거든요."

"많이 힘드셨죠?"

"사는 내내 질문 투성이었죠. 신은 왜 내 두 오빠를 데려가셨을까?"

어른이 된 뒤에도 그녀의 가슴속에는 오래도록 상처 입은 소녀가 살고 있었다. 세월이 흘렀고, 세상은 고요해졌지만 가족을 잃은 슬픔은 쉽사리 아물지 않았다.

그녀는 그에게 아버지의 위대함이 아닌, 깊은 슬픔에 대해 말해주었다.

"두 오빠가 죽고, 그 유품이 애양원으로 전달돼 왔어요. 그때 아버지가 큰오빠와 작은오빠의 교복을 붙들고 부들부들 떨면서 우시는데 그 눈물이 교복으로 뚝뚝 떨어졌지요. 그때 '아, 아버지도 역시 별 수 없는 인간이구나'라는 것을 느꼈어요."

그녀가 어떻게 그날의 풍경, 그날의 사건을 잊을 수 있을까.

"오빠들은 어떤 분이셨나요?"

"우리 오빠요?"

오랜만에 그녀의 얼굴에 미소가 퍼졌다.

"우리 두 오빠는 미남에다가 또 노래를 썩 잘 불렀기 때문에 여학생들이 많이 따랐던 것으로 알고 있어요. 그 덕분에 제가 언니들한테 사랑도 많이 받은 걸로 기억해요."

손양원의
사랑

15

하나님이 주신 계명을 말씀 그대로 순종하고 복종하여 실천한 손 목사는 20세기를 대표하는 사랑의 사도이자 성자였다. 그리고 결코 끝나지 않을 것 같았던 암흑의 시대에, 손양원이라는 이름은 사랑의 상징으로 기억되었다. 그런데 그즈음, 뜻밖의 전화가 걸려왔다.

"목사님의 이름은 익히 들었습니다. 목사님이 서울로 올라오셔서 학교를 맡아주시기를 간곡히 청합니다."

수화기를 든 그의 손이 미세하게 떨리기 시작했다. 전화를 걸어온 사람은 다름 아닌, 민족의 영원한 스승이자

지도자인 백범 김구였기 때문이다.

그러나 그는 김구 선생의 간곡한 청을 거절했다.

"죄송합니다. 저에게는 돌봐야 할 식구들이 많이 있습니다."

"그래도 한 번 더 생각해보시고……."

"아닙니다. 감사합니다만 사양하겠습니다."

서울 학교를 맡게 되면 안락하고 편안한 노후를 보낼 수 있을 터였다. 그러나 손 목사는 그런 삶을 꿈꾸지 않았다. 소외되고 불쌍한 자를 위해 살겠다는 그의 다짐은 너무도 단단하고 굳건했다.

그 후에도 몇 차례 김구 선생으로부터 전화가 왔지만, 손 목사는 조금의 흔들림도 없이 여생을 애양원 식구들과 함께하겠노라 답했다.

김구 선생은 그런 손목사의 삶에서 칠흑처럼 춥고 어두운 시대에 한 줄기 빛을 보았던 모양이다. 1949년, 김구 선생은 서울신문 칼럼에 그에 대한 이야기를 남기기도 했다.

'공산당을 진정으로 이긴 사람은 손양원 목사다…… 이 땅의 정치가들에게도 손 목사와 같은 아량과 포용성과 수완이 있다면…… 남북통일도 실현할 수 있을 것이다.'

김구 선생의 열렬한 구애에도 불구하고 손양원 목사는 끝까지 애양원을 떠나지 않았다. 대신, 나병환자들의 곁을 지키며 입으로 피고름을 빨고 밤낮으로 그들을 붙잡고 기도를 이어갔다.

그들의 일그러진 얼굴에 웃음이 피어났고, 진물이 흐르는 상처를 손 목사가 어루만져 줄 때는 정말 나병이 나을지도 모른다는 기대감마저 생겨났다. 살 썩는 냄새와 피 냄새가 진동하는 그곳을 사람들은 지옥이라 말했지만, 나병환자와 손 목사에겐 그곳이야말로 진정한 사랑이 넘치는 천국이었다.

가장 추운 시대에, 가장 낮은 곳에 있었던 나환자들이지만 손 목사가 있는 애양원은 결코 춥지 않았다.

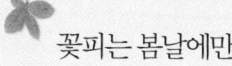

꽃피는 봄날에만

꽃피는 봄날에만 주의 사랑 있음인가
열매 맺는 가을에만 주의 은혜 있음인가
추운 겨울 주릴 때도 주의 위로 더할 것은
솔로몬의 부귀보다 욥의 고난 더 귀하고
솔로몬의 지혜보다 욥의 인내 아름답다
이 세상의 부귀영화 유혹의 손길 되나
고행 중의 인내함은 최후 승리 이룩하네
세상 권력 등에 업고 믿는 자를 핍박하는
어리석은 사람들아 회개하고 돌아오라
우상의 힘 며칠가며 인간의 힘 며칠가나
하나님의 심판 날에 견디지 못하리라
저 천성을 바라보니 이 세상은 나그네 길
죽음을 피하라고 나의 길을 막지마라
내게 맡긴 양을 위해 나의 겨레 평화 위해
우리 주님 가신 길을 충성으로 따르리라

- 신사참배 거부로 무기 구금형을 받고 옥중 생활을 하시던 중
부인 정양순 여사와 아들 동인에게 보낸 서신 중

사
랑

삶이란 아이러니의 연속이다. 그토록 아버지의 과거를 원망한 그였지만, 결국 지금의 자신을 있게 한 것 역시 아버지다.

안경선에게 아버지는 벗을 수 없는 십자가이면서, 동시에 손양원의 삶으로 인도해준 길이었다. 그리고 그 길에서 잊지 못할 눈물과 사랑을 경험했다.

"네, 제가 안경선입니다만, 어디신가요?"

"여긴 애양원입니다. 목사님께 설교를 부탁드려도 되는지요?"

그렇게 처음 설교 초대를 받아 애양원에 갔을 때, 그는 마음을 담담하게 하기 위해서 강단에서 묵상하고 있었다. 그러나 생각처럼 되지 않았다. 묵상도 안 되고, 기도도 안 되고, 도무지 종잡을 수가 없었다. 머릿속이 멍했다

'내가 과연 이 자리에 있어도 될까? 그럴 자격이 있는 사람일까?'

생각이 꼬리에 꼬리를 물자 그의 눈에서 눈물이 솟구쳤다. 1분이 지나도, 5분이 지나도 눈물은 멈추지 않았다.

'아…… 주여! 어떻게 해야 할까요?'

그는 감정을 주체할 수가 없어 기도를 계속했다.

그때를 생각하자 그의 눈가에 이슬이 맺혀왔다.

"내 마음이 성도에게 어떻게 전해졌는지 여기저기서 울었어요. 한 10분간 그렇게 저도 울고 교인들도 흐느껴서 그때 우리 교우들의 사랑이 느껴지더라구요."

사람들은 손양원 목사의 용서에 대해 한결같은 반응을 보였다. 그것은 직접 보고 듣기 전에는 믿을 수 없는 일이었으며, 심지어 어떤 사람들은 손양원 목사가 두 아들을 잃고 미쳤다는 말까지 했다. 그러나 손양원 목사의 삶에서 주목해야 할 것은 두 아들을 죽인 청년을 양자로 삼았다는 사실 그 자체가 아니라, 손 목사가 왜 인간으로서 견딜 수 없는 그 비통한 심경을 딛고 용서와 사랑의 길을 선택했느냐 하는 문제일 것이다. 손양원 목사에게 용서와 사랑은 우리와는 다른 의미를 갖는, 일종의 구원의 의미였으리라.

안경선 목사와 백발의 소녀가 삼부자의 묘소 앞에 같이 서있었다.

그녀가 그의 손을 잡았다.

"조카! 난 조카가 목사가 돼서 너무너무 고맙고 감사하다. 앞에 두 오빠의 무덤이 있는데 우리 두 오빠가 너무 일찍 하나님의 부르심을 받아서 그분의 일을 다 못했으니 조카가 대신 그 일 좀 감당해다오."

"……."

안경선 목사는 눈물을 참으며 아무런 대답도 할 수 없었다.

손양원의
사랑

16

"목사님, 이곳에도 곧 괴뢰군이 들이닥칠 것입니다. 빨리 몸을 피하시는 게 좋을 듯합니다."

이미 피난 준비는 다 돼있었다. 손 목사만 결정한다면, 안전한 곳으로 무사히 피신할 수 있었다. 신도들은 간곡히 말했다. 눈물로 호소하는 이도 있었다. 그러나 손 목사는 애양원을 떠날 마음이 추호도 없었다.

"이 세상 어디에 피난처가 있겠습니까? 주님 사랑의 울타리가 최고의 피난처입니다. 저는 괜찮으니 여러분은 어서 떠나세요."

손 목사의 결심은 완고했다. 그러나 신도들 역시 손 목사를 두고 애양원을 떠날 마음이 없었다. 신도들은 손 목사의 피난 짐을 싸고 다시 재촉했다.

"목사님, 제발요. 목사님이 가지 않으면 저희들도 여길 떠날 수 없어요."

만약 손 목사가 떠나지 않으면 신도들도 괴뢰군에게 화를 당할 게 뻔했다. 하는 수 없이 손 목사도 피난선에 올라타고야 말았다.

"정말 감사합니다. 감사합니다."

그제야 신도들은 안도의 한숨을 내쉬었다. 그런 신도들의 눈을 하나하나 마주보며, 손 목사는 예배를 올리기 시작했다. 모두의 안전과 평화를 기원하는 기도였다. 뒤따라 신도들도 눈을 감고, 함께 기도를 올렸다.

배가 막 출발하려고 할 때였다. 손 목사는 옷가지며 다른 짐을 모두 둔 채, 갑자기 배에서 뛰어내렸다. 손 목사의 손에는 성경책이 담긴 가방만이 들려있을 뿐이었다. 놀란 신도들이 말려보려 했지만 이미 늦은 뒤였다.

"목사님, 어쩌시려는 것입니까? 여기 계시면 목사님은 목숨을 보존할 수 없습니다!"

배는 점점 앞으로 나아가고 있었다. 멀어지는 손 목사

를 보며 신도들은 울먹였다. 그런 그들에게 손 목사는 담담한 말투로 말했다.

"미안합니다. 나 하나 살자고 사랑하는 양떼들을 두고 갈 수는 없습니다. 부디 건강하시오."

손 목사의 표정에는 조금의 두려움도, 조금의 걱정스러움도 없어 보였다. 온화한 미소를 지어 보이며, 떠나는 사람들을 안심시켰다. 그는 기쁜 마음으로 손을 흔들며 그들의 앞길을 축복해주었다. 어느덧 배는 더 이상 돌아오지 못할 정도로 멀어졌다.

손 목사는 조금의 미련도 없이, 뒤돌아 애양원으로 돌아왔다. 애양원에는 피난을 갈 처지가 못되는 나환자들이 머물고 있었다. 손 목사가 돌아온 것은 바로 그들 때문이었다. 손 목사는 평상시와 다를 바 없이, 매일 열정적인 집회를 열었고, 매일매일을 기도하면서 보냈다.

"기독교는 잘 살기 위한 종교가 아니라 잘 죽기 위한 종교입니다."

손 목사는 입버릇처럼 말하던 그 말을 몸소 실천해나갔다. 여기저기서 지옥을 연상케 하는 총성이 들렸고, 어수선한 날들이 계속되었지만, 손 목사는 애양원의 힘없고 어린 양들에게 둘도 없는 보금자리가 되어주었다. 그러나 얼마 후, 우려했던 일들이 벌어지고 말았다.

전쟁의 공포와 어둠이 감돌던 어느 날, 군복을 입은 사람들이 애양원으로 들이닥쳤다. 복장을 보아하니, 분명 국군은 아니었다. 그들은 화단을 짓밟고, 신성한 예배당 안을 군홧발로 마구 휘젓고 다녔다.

"손양원이 누군가?"

"우리 목사님이신데…… 무슨 일이신지요?"

"그건 알 거 없고. 그자는 지금 어디 있는가?"

심상치 않은 분위기를 감지한 애양원의 식구는 대답을 망설였다. 그러나 애양원 어디에도 그가 숨을 곳은 없었다. 아니, 숨고자 했으면 처음부터 돌아오지도 않았을 것이다.

바깥에서 소란이 일어나고 있었지만, 손 목사는 들고 있던 성경책을 손에서 놓지 않았다. 군인들이 들이닥친 뒤에도, 그들에게 눈길조차 주지 않았다. 마치 한 글자라도 더, 하나님의 말씀을 눈에 넣으려는 듯했다. 도망갈 생각은커녕 두려운 기색조차 없었다.

"무슨 일이시오?"

"빨리 체포하라!"

명령이 떨어지기가 무섭게 군인들은 손 목사를 포박하

고 그 주변을 에워쌌다. 놀란 애양원 식구들이 달려와, 손 목사에게서 군인들을 떼어놓으려 했지만 역부족이었다.

"우리 목사님이 무슨 잘못이 있다고 붙잡아가십니까? 제발 풀어주세요."

도저히 힘으로 안 되겠다고 생각한 식구들은 눈물로 호소했다. 그러나 그들은 선량한 애양원 식구들에게까지 총부리를 겨누었다.

"반동 새끼들, 죽고 싶어!"

자칫하다가는 애양원 식구들에게까지 화가 미칠 것 같았다. 손 목사는 순순히 따라가는 것이 식구들을 위한 길이라 생각했다. 그는 군인들 앞에 무릎 꿇고 눈물로 애원하는 애양원 식구들을 하나하나 일으켜세웠다.

"나를 위해 울지 말고 자신들을 위해 우세요."

"아니, 우리 목사님을 왜 잡아가십니까? 왜요?"

"내 걱정은 마세요. 어떻든 신앙생활 잘 하시고 건강하게 잘 지내시오."

손 목사는 군인들 사이로 손을 뻗어, 울고 있는 사람들의 눈물을 닦아주었다. 애양원 사람들의 간곡한 부탁과 애원에도 불구하고 결국 손 목사는 그들의 손에 끌려갔다.

얼마 후, 손 목사가 여수 감옥에 투옥되었다는 소식이 전해졌다. 애양원 식구들은 그가 제발 무사하기만을 두 손 모아 간절히 기도했다.

손 목사는 감옥에서도 주먹밥을 받으면 정확하게 반으로 딱 나누었다. 반으로 나눈 주먹밥을 앞사람이나 뒷사람이나 옆의 사람이나, 꼭 하나씩 나눠주고 나머지만 먹었다.

어느 날, 간수의 목소리가 들려왔다.

"큰일이구만. 글쎄 미군이 여기에 상륙을 했다잖아?"

"그럼 우리는 어떻게 하지?"

"어떻게 하긴. 후퇴해야지."

전
쟁

인간은 무지하기 때문에 때론 제 손으로 천국을 무너뜨리고 지옥을 만든다. 같은 민족끼리 총구를 겨누고 서로의 목숨을 빼앗는 데 혈안이 돼있던, 동족상잔의 참극인 한국전쟁이 발발했다.

생지옥이 펼쳐졌던 한국전쟁에서 우리 민족은 서로를 물어뜯지 못해 안달이 난 괴물이 되어갔다. 하루 온종일 여기저기서 부고만 들려왔고, 우리는 모두 공포에 휩싸여 숨조차 제대로 쉬지 못했다.

애양원 역시 전쟁의 공포에서 자유로울 수 없었다. 거대한 전쟁의 그림자가 애양원을 감싸고 있다는 사실을 직감적으로 알고 있었다.

한국전쟁은 그랬다.

"돌이켜보면 아버지는 언제나 우리와 함께 계셨습니다. 우리 가족이 가장 고통스럽고 절망스러울 때도 늘 기도하고 계셨습니다. 심지어 두 오빠가 죽은 뒤에도 늘 우리 곁에 그림자처럼 존재를 숨기고 있었습니다. 아버지가 하셨던 말씀처럼, 한 알의 밀알이 땅에 떨어져 그 열매가 백 배, 천 배가 되듯 아버지와 두 오빠의 희생은 밀알이 되어

많은 열매를 맺으며 자란 것입니다. 이것을 이해하는 데 저는 참 오랜 시간이 걸렸습니다. 저는 이 진실을 알기 위해 그토록 누군가를 미워하고 슬퍼하는 데 많은 생을 할애했나 봅니다."

이제는 백발이 성성해진 소녀는 애양원을 바라보고 있었다. 그리고 예배당 안으로 들어섰다.

"안녕들 하셨어요?"

"아이고, 어서 와요! 목사님 따님을 보니까 우리 목사님이 보고 싶네."

"건강하시죠?"

"그럼, 우리 손양원 목사님이 베푸신 사랑과 용서, 화해, 희생, 이런 것들은 다 예수님의 정신이었어요. 손 목사님은 예수님의 정신을 그대로 가진 분이셨지. 정신만 가진 것이 아니라, 실제로 그렇게 사셨기 때문에 정말 작은 예수라고 할 수 있는 분이시고. 우리 모두가 우러러볼 수 있는 큰바위 얼굴이시지."

"네, 고맙습니다. 그렇게 기억해 주셔서."

"지금도 가만히 앉아서 기도하다가도 문득 손 목사님이

우리들에게 베푸신 사랑을 생각하면 '목사님, 언제 만나 볼까요?' 그 말이 입으로 저절로 나온다니까."

"맞아요. 지금이라도 우리가 하나님 나라에 가면 우리 손양원 목사님을 다시 만나볼 수 있겠죠? 하하, 그랬으면 좋겠구만."

손양원의
사랑

17

여수 감옥에 갇힌 뒤에도, 손 목사의 기도는 멈추지 않았다. 그러나 그 기도는 목숨을 애원하는 기도도, 육신의 평온함을 바라는 기도도 아니었다. 애양원에 있는 식구들, 먼저 피난길에 오른 신자들의 안녕을 위한 기도였다. 손 목사의 마음속에 이미 자신은 없었다.

손 목사는 여러 차례 피신 갈 기회가 있었으나 한사코 거절했다.

손 목사가 감옥에 갇힌 지도 20여 일이 지났을 무렵이었다. 국군의 반격에 퇴각을 결정했다는 소식을 인민군들의 대화에서 알 수 있었다. 몇몇 사람들은 이제 살았다며 안도하는 이도 있었다. 그러나 그런 기대는 모두 부질없는 것이었다.

"모두 나와. 어서!"

별안간 감옥 문이 열리고, 감옥에 있던 120여 명의 사람들이 우르르 감옥 밖으로 떠밀려 나왔다. 인민군들은 사람들을 포박한 채, 총부리로 그들을 어딘가로 내몰았다.

"대체 우릴 어디로 데려가는 거요?"

누군가 물었지만, 그 말에 대답을 해주는 사람은 없었다. 목적지도 모르고 그 결말도 모른 채 감옥 속에서 나온 사람들은 무거운 발걸음을 내딛어야 했다.

그렇게 얼마를 더 갔을 때였다.

"동무는 직업이 뭐요?"

신경질적인 음성이 들려왔다.

"나 말이오? 굳이 직업이라고 생각하지는 않습니다만, 목사 일을 하고 있소."

"옳아, 네가 바로 감방 안에서 예수 믿으라고 전도한다는 그 손 목사로군. 도대체 왜 그렇게 전도를 하는 거요?"

손 목사는 의연하고 담담하게 말했다.

"바로 천국에 가기 위해서요. 이 세상의 삶은 잠깐이지만 천국의 삶은 영원하거든요. 그러니 당신도 이런 무모한 짓은 그만두고 예수 믿으시오."

"하, 이런 괘씸한 놈을 봤나? 그래, 내게도 전도를 해보겠다는 거냐? 정신 나간 놈이로구만. 천국이 어디 있어!"

"성경을 읽으면 하나님의 놀라운 섭리를 깨닫게 될 것입니다. 영생을 믿고 천국을 믿어야 합니다."

"이런 반동 목사 새끼!"

순간 손 목사는 총자루에 맞고 그 자리에 쓰러졌다. 그러자 넘어진 손 목사의 등과 머리에 무수한 발길질이 이어졌다. 후퇴하는 자들에게는 오직 악만 남은 듯했다.

"대체 우리를 어디로 데려가는 거지? 혹시 북으로 데려가려는 걸까?"

"그렇다면 방향이 이쪽이 아닌데."

사람들 사이에서 불길한 기운이 감돌기 시작했다. 겁에 질린 사람들 중에는 죽음을 예감하고 울먹이는 사람도 있었다. 그러나 단 한 사람만은 예외였다. 잠시 쉬는 시간에도 손 목사는 좀처럼 기도를 멈추지 않았다. 발걸음을 멈추면 오히려 더 큰 소리로 기도를 했고, 그의 기도소리는 과수원 멀리서도 들릴 정도였다. 그런데 포승줄에 묶여 끌려가는 사람 중에는 김성수라는 학생이 있었다. 점점 커지는 손 목사의 기도소리를 들으며 김성수는 생의 마지막 날이 다가오고 있음을 직감했다. 그리고 손 목사의 기도가 절정에 다달았을 때, 김성수는 포승줄을 풀고 있는 힘을 다해 내달렸다.

"거기 누구야?"

김성수의 등 뒤로 인민군들의 외침이 들렸다. 김성수는 황급히 과수원으로 숨어들었다. 크고 굵직하게 자란 나무 덕분에 김성수는 인민군의 시야에서 몸을 숨길 수 있었다. 다행히도, 인민군들은 더 이상 김성수를 찾으려 하지 않았다. 오히려 시간에 쫓기는 듯, 발걸음을 재촉하기 시작했다. 도랑 밑으로 숨어든 김성수는 인민군들에게 끌려가는 사람들의 모습을 지켜보았다. 여전히 손 목사는 큰 소리로 하나님께 기도를 올리고 있었다.

김성수는 몸을 낮추어 걷거나 기어서 겨우 산중턱 바위 밑으로 숨었다. 그 이상은 도저히 기어갈 힘이 없었다. 김성수는 고개를 내밀어 인민군들의 행적을 눈으로 좇았다. 하지만 보이지 않았다. 김성수는 좀 더 도망갔다. 그렇게 얼마를 갔을까, 별안간 날카로운 굉음이 울려 퍼졌다.

따다다다!

귀를 뚫고 지나가는 총성에 김성수는 참았던 숨을 풀어

냈다.

"아, 우리 목사님!"

김성수는 외마디 비명을 숨죽여 질렀다. 흐르는 눈물 때문에 쓰러진 손 목사의 모습이 보이지 않는 게 야속했다. 그는 손으로 눈물을 닦았다.

'아, 우리 목사님! 우리 목사님!'

터질 듯한 가슴을 부여잡고 김성수는 마음속으로 비명을 질렀다.

애양원 식구들은 물론 가족도 아버지인 손 목사가 무사히 돌아올 것이라고 생각했다.

"아무리 빨갱이라고 해도 그렇죠. 다른 사람들은 다 죽일지라도 두 아들을 죽인 원수를 회개시켜 자기 아들 삼은 손양원 목사님은 살아올 것이라고 말했어요."

그날 아침, 소녀의 어머니는 아들을 낳았다.

전세는 시간이 지날수록 인민군에게 불리해져가고 있었고, 유엔군이 반격을 하고 있다는 소식이 간간이 들려오곤 했다.

손 목사의 가족과 애양원 사람들은 매일을 기도하며 기다렸다. 갇혀있던 사람들이 전원 석방될 것이라는 소문이 나돌았기 때문이다. 그러나 목사는 돌아오지 않았고 소식도 전해오지 않았다.

소녀의 어머니는 갓난아기를 안고 손 목사를 애타게 기다렸다. 밤이 지나 새벽이 되었을 무렵, 누군가 문을 두드리는 소리가 들렸다.

"아버지가 오셨나 보다!"

식구들은 정신없이 밖으로 나갔다. 문밖에는 겨우 팬티만 걸친 학생이 온몸에 흙칠을 하고 서있었다. 볼에는 핏자국이 말라붙어 있었다. 그는 김성수였다.

"아이고, 동신이 친구 성수 아니냐?"

어머니는 그가 목사에 대한 희소식을 전하러 온 줄만 알았다. 그러나 김성수는 어머니를 방으로 불러들였다.

"사모님, 어서 미평 과수원으로 가보세요. 목사님이⋯⋯ 목사님이⋯⋯."

김성수는 말을 잇지 못했다.

"성수야, 뭐라고? 우리 목사님이 과수원에서 어찌됐단 말이냐?"

"저도 자세히는 모르나 따다다, 또 조금 있다가 탕탕탕탕 총소리가 났어요. 저는 도망쳐 왔어요. 아무래도 일제 사격과 확인사살을 하는 것 같았어요. 우리 이모부도, 형님도, 목사님도 어젯밤 순교하신 것 같습니다."

순간 소녀의 어머니는 휘청했다. 그리고 입을 열었다.

"오! 당신, 그토록 소원하던 순교를 했군요. 평소에도 주기철 목사님을 그렇게 부러워하더니 정말 그렇게 가버리신 거예요?"

그리고 잠시 후 기도를 올리기 시작했다.

"하나님, 감사합니다. 평생 동안 주의 일 하게 하시고, 손양원 목사가 소원하던 순교를 허락해주신 은혜, 감사하고 또 감사합니다."

어머니의 두 눈에서는 눈물이 하염없이 흘러내리고 있었다.

이 소문은 삽시간에 애양원으로 퍼졌다. 몇몇 청년들이

미평 과수원으로 손 목사의 시신을 모시러 갔다. 도착할 시간이 되자 천여 명이 넘는 애양원 가족은 남녀노소 할 것 없이 긴 뚝섬길로 몰려와서 목사가 당도하기를 기다렸다. 그때였다. 저 먼 곳에서 남자 네 명이 들것에 무엇인가 싣고 오는 것이 보였다. 그것은 바로 손 목사의 시신이었다.

"아이고, 우리 목사님이 들것에 들려 오시다니……"

온 애양원 나환자들은 땅을 치며 울부짖었다.

기도

'여순사건 때 두 아들을 희생당하고, 그 죄로 사형을 받은 자를 구해 아들로 삼은 손양원 목사는 애양원 나환자들을 지키다 1950년 9월 28일 새벽 여수에서 피살, 순교하였다.'

진정으로 살아있다는 것은 무엇일까?

손 목사가 떠난 지 60년이 넘는 세월이 흘렀다. 그러나 손 목사의 꿈이, 사랑이 오늘로 이어지고, 그의 마음으로 세상을 사는 사람들이 있다면 그는 여전히 살아있는 것이 아닐까?

오래 전 한 사람의 기도는 아직 끝나지 않았다.

그 기도 속에는 한 시대가 지나온 고통과 슬픔이 있었고, 가장 낮은 곳의 사람들을 안아준 사랑과 꿈이 있었다.

사랑으로 우리 안의 천국을 꿈꾼 사람, 손 목사의 사랑은 인간이 신에게로 가는 길이었다.

손 목사는 죽어서도 애양원을 떠나지 않았다. 먼저 떠나보낸 두 아들과 함께 애양원 뒷동산에 묻혀 오늘도 그가 사랑했던 사람들을 위해 말없이 기도하고 있다.

손양원의
사랑

18

 서울로 유학와서 공부하고 있는 소녀에게 그날은 여느 때와 다를 바가 없는 날이었다. 피아노 앞에 앉은 소녀는 찬찬히 건반을 눌렀다. 그런데 새로 산 피아노처럼, 자꾸 손가락이 미끄러졌다.

 '이상하다. 왜 이러지?'

 몇 번이고 자세를 고쳐 앉고, 손을 쥐었다 폈다 반복해 봤지만, 쥐가 나는 듯 손이 아리고 불편했다. 소녀는 알 수 없는 불안감에 휩싸였다.

 아버지의 소식을 들은 건 바로 그날이었다.

소식을 들은 그 순간, 가슴이 철렁했다. 소녀는 몸을 비틀거렸다.

"말도 안 돼. 아버지가 돌아가시다니."

불길한 예감은 틀리지 않았다. 소녀는 아버지의 죽음을 그렇게 전해들었다. 애양원에 도착할 때까지도, 소녀는 아버지의 죽음을 믿지 않았다. 그러나 그곳에는 이미 수많은 사람들이 모여있었다. 어느 누구도 비통한 표정을 짓지 않는 이가 없었고, 여기저기서 통곡소리가 들려왔다. 소녀는 사람들을 헤치고, 그가 있는 곳으로 달려갔다.

"아버지."

결국 그는 돌아와 있었다. 그토록 사랑하던 애양원의 나환자들과 가족에게로. 그러나 그의 몸엔 하얀 천이 덮여 있었다.

"아버지! 저 왔어요. 동희 왔어요. 어서 일어나보세요!"

그는 말없이 누워있었다. 딸이 왔는데도 일어나 반겨주지 않았다.

소녀는 절망하여 그 자리에 풀썩 주저앉고 말았다.

"일어나라, 우리 아가. 아버지의 마지막 모습을 봐야 하지 않겠니."

어머니가 소녀를 일으켜 세웠다. 그리고 그의 얼굴을

덮고 있던 천을 천천히 내렸다. 솜으로 입을 틀어막힌 채, 그는 두 눈을 부릅뜨고 있었다. 당장이라도 일어나 소녀에게 "우리 사랑하는 아가"라고 말해줄 것만 같았다. 그러나 여전히 말이 없었다.

"여보, 그토록 사랑하는 하나님 곁으로 가셨군요. 이제 부디 평안하세요."

그의 아내는 떨리는 그의 두 눈을 감겨주었다. 그리고 하얀 천을 다시 덮어주었다. 그 모습이 소녀가 본 아버지의 마지막 모습이었다.

애양원 사람들의 울음소리가 계속되고 있었다.

"우리 목사님, 세상에 들것에 실려오시는데 꼭 천사와 같았어요. 가만히 누워계시는 천사. 정말 우리 목사님은 하나님이 보내신 천사였어요."

오늘만이 내 날이다.
어디서 무엇을 가지고 주님을 만날 것인가.
어디서 무엇을 하다가 주님 만날 것인가.
인생은 과거 자랑하다 교만해지기 쉽고
오늘 일 내일로 미루다 일평생 속아 산다.

오늘만이 내 날이요, 주님 만날 준비 오늘뿐이다.
오늘 주님이 나를 부르신다면
주님 만날 준비 되었는가.
그러니 범죄하지 말라. 기도하는 것을 쉬지 말라.
섬기고 헌신하는 것을 게을리하지 말라.

무엇보다도 열심히 서로 사랑할지니
사랑은 허다한 죄를 덮느니라.
- 베드로전서 4 : 8

한 사람의 죽음이 남긴 풍경은 고스란히 죽은 자의 삶에 대한 증언이 되었다. 천여 명이 넘는 나환자들이 저마다 조기 하나씩을 들고 그의 마지막 길을 따랐다. 그런데 그 많은 사람들 중 유독 몸을 가누지 못할 만큼 극심한 고통과 슬픔에 싸여있는 이가 있었다.
"아버지, 아버지, 죽을 나를 살려놓고 가시다니요."
누구보다 서럽게 목놓아 우는 그는 소녀의 두 오빠의 생명을 앗아갔으나, 손 목사가 양자로 들인 청년, 소녀의 또 다른 오빠인 안재선이었다.
그가 손 목사의 시신을 끌어안고 얼마나 슬피 우는지 산

천초목도 따라 울 정도였다. 재선의 슬픔을 보며, 소녀는 그가 남긴 사랑의 의미가 무엇인지 조금은 알 것 같았다.

먼 훗날 재선은 소녀에게 말했다.

"동희야, 내가 죽어 천국에 가면 너의 두 오빠에게 무릎을 꿇고 사죄할 거다."

그 말을 남기고 떠난 며칠 후, 그는 운명했다.

소녀의 가슴에 큰 상처와 원망을 남긴 소녀의 아버지 그리고 두 오빠 동인과 동신, 안재선.

어쩌면 소녀 동희는 그들이 남긴 풍경이었다.

손양원 목사의 아홉 가지 감사 기도문

1. 나 같은 죄인의 혈통에서 순교의 자식들이 나게 하셨으니 하나님께 감사합니다.
2. 허다한 많은 성도 중에서 어찌 이런 보배를 주께서 하필 내게 맡겨 주셨는지 주께 감사합니다.
3. 삼남삼녀 중에서도 가장 아름다운 두 아들 장자 차자를 바치게 된 나의 축복을 감사드립니다.
4. 또한 한 아들의 순교도 귀하다 하거든 하물며 두 아들의 순교리요. 감사합니다.
5. 예수 믿다가 누워 죽는 것도 큰복이라 하거든 하물며 전도하다 총살 순교 당함이리요. 감사합니다.
6. 미국 가려고 준비하던 내 아들 미국보다 더 좋은 천국 갔으니 내 마음 안심되어 감사합니다.
7. 나의 두 아들을 총살한 원수를 회개시켜 내 아들 삼고자 하는 사랑하는 마음 주신 하나님께 감사합니다.
8. 내 두 아들의 순교의 열매로 말미암아 무수한 천국의 아들들이 생길 것이 믿어지니 우리 아버지 하나님께 감사 감사합니다.
9. 이같은 역경 속에서 이상 여덟 가지 진리와 하나님의 사랑을 찾는 기쁜 마음, 여유 있는 믿음을 주신 우리 주 예수 그리스도께 감사 감사합니다.

• • •

이 기도문에서 손양원 목사는 하나도 아닌 두 아들의 순교에 대해 감사하고 이들을 죽인 젊은 청년을 양자 삼는 사랑의 마음을 주신 데 대해 신에게 감사하고 있다. 손양원 목사의 맏딸 손동희는 아버지의 결정에 크게 반발해 "이렇게까지 하지 않으면 예수를 못 믿느냐"며 원망했다. 하지만 어느 날 밤 우연히 아버지 손양원이 죽은 두 오빠의 이름을 부르며 크게 울부짖는 모습을 보고, 아버지의 슬픔을 짐작할 수 있었다고 전한다.

이 도서의 국립중앙도서관 출판예정도서목록(CIP)은 서지정보유통지원시스템 홈페이지(http://seoji.nl.go.kr)와 국가자료공동목록시스템(http://www.nl.go.kr/kolisnet)에서 이용하실 수 있습니다.(CIP제어번호: CIP2014033394)

〈그 사람 그 사랑 그 세상〉
갤러리

큰아들 동인과 손양원 부부

순천 중학 기독학생회 시절 동신(맨 뒷줄 오른쪽 첫 번째)

동인, 동신이 일하던 공장 식구들

손양원 목사의 부모님

여순사건으로 희생된 동인, 동신

교회 당회원과 손양원

순천 사범기독학생회 시절 동인(앞줄 오른쪽 첫 번째)

김구와 손양원 1

김구와 손양원 2

신학교 동기들과 손양원

애양원 초임 시절 손양원

처음 부임하던 날 손양원 가족

애양원의 여신도들 1

애양원의 여신도들 2

나병환자들

부활절을 축하하는 손양원과 성도들

석방된 손양원과 애양원 식구들

손양원의 장례식 1(상주가 된 안재선)

손양원의 장례식 2

손양원 목사 순교 기사

손양원과 안재선

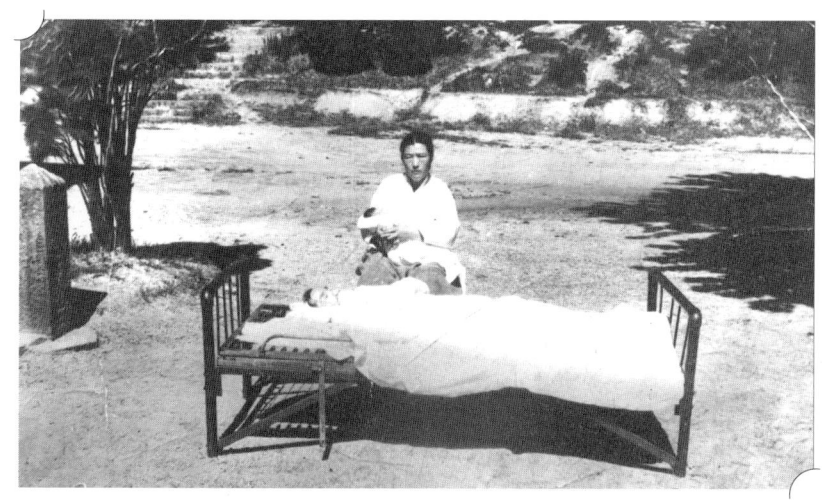

시신으로 돌아온 손양원

손양원의 시신 앞 가족들과 안재선

손양원의 가족과 안재선